AF636052

SVLTO

Von den Limonaie am Gardasee zu den Bitterzitronen Liguriens, von den Zitrusgärten der Medici weiter in den Süden, zu den Blutorangen des Ätna, den Bergamotten und Cedri Kalabriens: Peter Peter entführt in den Kosmos der italienischen Zitrusfrüchte: Reich beschenkt mit Geschichte, Anekdoten und Rezepten kann man sich der Sehnsucht nach dem Süden hingeben.

Peter Peter

Blutorangen

Eine Reise zu den Zitrusfrüchten Italiens

Mit 12 Rezepten

Verlag Klaus Wagenbach Berlin

Rezepte

Facetten

Il Viaggio: Die Reise

per Manuela Wolf

Facetten

Arance! Limoni!
Ein Prolog

Si delizia l'uomo con gli agrumi.
Zitrusfrüchte erfreuen das Herz der Menschen.
Vincenzo Corrado (1736–1836)

Was wäre Bella Italia ohne seine Zitronen, ohne seine Orangenblüten? Seit der Renaissance schafft die optische, sinnliche und sensorische Verführung durch die duftenden Früchte einen sentimentalen Mehrwert gegenüber einer Italienwahrnehmung, die sich auf römische Ruinenromantik, auf die Patina von Fresken, Adelsvillen und barockem Kirchenprunk, kurzum auf Nostalgie beschränkt. Alltagskultur versus Vergangenheit?

Längst wurde die auf dem Stiefel erzielte Erntemenge durch Giganten wie USA, Mexiko, Indien, China oder Spanien überholt. Dennoch hält sich das Image vom auserwählten »Land, wo die Zitronen blühn«. Italien, das bleibt die Heimat der mythischen Goldenen Äpfel, der einst afrikanischen Früchte der Hesperiden. Das sind auch die mediterranen Küsten, wo – da sind wir auf historisch reellem Boden – die orientalischen Früchte neben Andalusien erstmals in Europa gediehen.

Nirgendwo ist die moderne Massenware Agrumen kulturell und emotional so aufgeladen wie in Italien.

Das hängt nicht nur mit schwärmerischen Goethe-Zeilen zusammen. Sondern ganz konkret damit, dass zwischen Gardasee und Ätna seltenste lokale Sorten wie Chinotto und Moro-Blutorange, wie Bergamotte oder die riesigen warzigen Zitronatzitronen gehegt werden. Wahre Sonnenspeicher, die im Winter reifen und die Phantasie von Literaten, Kulturhistorikern, Künstlern ebenso wie die von Köchinnen und Gourmets entzünden.

Der Agrumenanbau hat in jahrhundertelanger Mühe und Plackerei einzigartige Kulturlandschaften geformt: die steilen Limonenterrassen der Amalfiküste; die winzigen, aus dem Fels gesprengten Mandarinenplateaus von Ciaculli bei Palermo; die nach den enthusiastischen Beschreibungen unzähliger Reisender in ein irdisches Paradies verwandelten schroffen Ufer des lombardischen Gardasees. Archaische Anbautechniken und -vorrichtungen wie die luftigen Limonaie, die die empfindlichen Früchte gegen Winterkälte abschirmen, Pergolas aus Kastanienstämmen oder einfach winzige Schlaufen aus biegsamen Weidenästen, um die schwerbeladenen Zweige hochzubinden, der Sonne entgegen, sind zu immateriellem Kulturerbe geworden. Zitrusfrüchte sind in Italien omnipräsent, tauchen überall auf, sei es auf Werbepostern der italienischen Eisenbahn, auf Foulards von Versace oder Dolce & Gabbana, im Campari oder Aperol Spritz, als Viertel, das zum gegrillten Schwertfisch gereicht wird. Oder auf den bunten Einwickelpapieren, die ich als Kind gesammelt habe. Zitrusfrüchte sind ganz einfach ein Schlüssel zum lebendigen Verständnis Italiens.

Citrus L.
Agrumen botanisch

Der Süden ist da,
wo Orangen im Erdboden wachsen.
Stendhal

Es hat gedauert, bis die geheimnisvollen »sauren« Zitrusfrüchte botanisch eingeordnet waren. Pioniere der Agrumenkunde waren dilettierende Poeten wie der Neapolitaner Humanist Pontanus und Mediziner wie der kaiserliche Leibarzt Pietro Andrea Mattioli, der 1544 das Arzneibuch der antiken Autorität Dioskurides herausgab und das heilkundliche Wissen seiner Zeit zusammenfasste. Als Durchbruch zur pomologischen und mythologischen Würdigung gilt Giovanni Battista Ferraris Monumentalopus *Hesperides* (Rom 1646), auch wegen seiner detailgetreuen Abbildungen. Ein bis heute faszinierendes Standardwerk sind die davon beeinflussten, reich illustrierten *Nürnbergischen Hesperides,* die der Patrizier Johann Christoph Volkamer 1708 und 1714 herausgab. Volkamer hatte in der väterlichen Seidenmanufaktur in Rovereto die Zitronenkultur des nahen Gardasees kennengelernt. Aus Genua ließ er sich Exemplare für seinen Agrumengarten zusenden, von dem noch Reste in Nürnberg erhalten sind. Ihn reizte es, bizarre Formen möglichst exakt in Stichen wiederzugeben. Zugleich bemühte er sich um Klassifizierung und Terminologie von nicht weniger als 81 verschiedenen Südfrüchten – 49 Sorten gediehen allein in seinen eigenen Gewächshäusern. Kulturgeschichtlich reizvoll ist die Verknüpfung von in Nahansicht wiedergegebenen Früchten mit Veduten fränkischer und norditalienischer Landschaften und Villen am Brentakanal in der venezianischen Terraferma.

Es war Carl von Linné, der 1753 *Citrus* als Gattung definierte. Der Schwede unterschied zunächst Zitronen *(Citrus medica var. limon)*, Zitronatzitronen *(Citrus medica)*, Pomeranzen *(Citrus aurantium)*, Süßorangen *(Citrus aurantium var. sinensis)* und Pampelmusen *(Citrus grandis)*.

Heute ist eine Fülle anderer Varietäten von der Kumquat bis zur Yuzu-Frucht, von der Sudachi bis zum ligurischen Chinotto wissenschaftlich erforscht. Die Neigung zu Hybridbildungen und Spontanmutationen erschwert die exakte Einordnung und führt zu Debatten in der Fachwelt. Festzuhalten ist, dass es genetisch nur drei »Uragrumen« gibt, von denen alle anderen hybriden Arten abstammen: die Mandarine, die Zitronatzitrone und die aus Malaysia stammende Pampelmuse.

Alle Auranziaceen beziehungsweise Zitrusgewächse gehören zu den Rutaceen oder Rautengewächsen, die eine Familie innerhalb der Ordnung der Seifenbaumartigen bilden. Damit sind sie botanisch verwandt mit Pflanzen wie der ölreichen Weinraute oder dem asiatischen Currybaum. Schwieriger zu beantworten ist die Frage nach ihrer exakten Herkunft. Je nach Sorte wird ihre Urheimat im Himalaya, in Burma oder dem südchinesischen Yunnan vermutet, wo wilde Agrumenwälder wachsen. Das Wort Orange kommt aus dem Sanskrit. *Naranga* bedeutet ursprünglich duftendes Obst.

Gemeinsam sind den Früchten, die phylogenetisch eigentlich Beeren sind, die in der Schale *(flavedo)* sitzenden Öldrüsen. Ihr Duft dürfte der Anlass gewesen sein, dass wilde Agrumen als Zierpflanzen domestiziert wurden. Nicht immer ist das in radialen Spalten angeordnete saure oder bittere Fruchtfleisch bekömmlich. Bei Zitronatzitronen wird die wattige weiße Innenschicht *(albedo)* verwertet. Nur ein Bruchteil der fast 5000 bekannten Zitrusarten wird zum Verzehr angepflanzt. Dabei ist die Süßorange nach der Banane weltweit das meistangebaute Obst. Die monokulturelle Konzentration auf besonders lagerfähige, dafür aromaärmere Sorten führt zu einer Monotonisierung des Geschmacks, die im standardisierten Tütensaft gipfelt. Italiens Alleinstellungsmerkmal besteht darin, ältere und seltenere Sorten weiterhin zu kultivieren.

Die Versetzung der Agrumen aus ihrer asiatischen Heimat in den Westen erforderte Anpassungsprozesse. Schließlich sind die Küstenstreifen Liguriens das weltweit nördlichste Freilandanbaugebiet für Zitrusfrüchte. Kühle Nächte sind notwendig, damit Apfelsinen oder Zitronen ihre gelbe oder orange Farbe annehmen. In den Tropen bleiben die Früchte eher grün – wohl der Grund, warum Limetten, die man wegen ihrer dunkelgrünen Schale schätzt, in Brasilien, aber kaum in Italien angebaut werden.

Fast alle italienischen Zitrusbäume sind veredelt – bis auf die Pomeranzen. Schösslinge werden auf wenig krankheitsanfällige Bitterorangenstämme aufgepfropft, was zu dem Naturwunder führen kann, dass auf einem Baum gleichzeitig Zitronen und Orangen wachsen. Die Methode hat den Vorteil, dass man oft schon im Jahr nach der Veredelung ernten kann. Aus Samen gezogene Bäume brauchen erfahrungsgemäß bis zu zehn Jahren, ehe sie erste Früchte tragen. Es gibt Methusalems, aber meist ist das Lebensalter eines Baums auf etwa hundert Jahre begrenzt. Agrumen sind anspruchsvoll: durstig, wind-, hitze- und kälteempfindlich, wobei Orangen noch Temperaturen knapp unter null vertragen, Limonen kaum. Es gibt auch Vorteile für Züchter. Zitrusbäume sind Selbstbestäuber und nicht unbedingt auf die Hilfe von Bienen angewiesen.

Die für Italien wichtigsten Sorten seien kurz vorgestellt. Die **Pomeranze** oder Bitterorange *(arancia amara)* wächst seit einem Jahrtausend in Süditalien und ist als Zierpflanze in Gärten und an Straßen beliebt. Da sie wirtschaftlich nur bei der Kandierung von Orangeat, als Orangenmarmelade, Parfumessenz und Grundstoff für Bitterlimonaden und Alkoholika genutzt wird, ist ihr Bestand rückläufig. Die ligurische Chinottofrucht (*Citrus myrtifolia*) bezeichnen manche als Bonsai-Pomeranze.

Süßorangen *(arance dolci, arance rosse, arance bionde)* kennt man seit der Renaissance. Traditionelle Sorten sind sizilianische Blutorangen wie Moro, Tarocco und Sanguinello. In Sorrent werden hellere Vanille-Orangen bevorzugt. Die großen, international verbreiteten Navel-Orangen werden in Ribera in Südsizilien unter der Ursprungsbezeichnung Brasile kultiviert.

Zitronen *(limoni)* gedeihen auch in geschützten norditalienischen Lagen wie Gardasee oder Ligurien. Ihre Urheimat wird in Sikkim vermutet. Die Tatsache, dass die reifen Früchte monatelang am Baum hängen bleiben können, garantiert fast ganzjährige Lieferungen. Eine Besonderheit sind grüne sizilianische Verdelli. Deren Notreifung erzwingen die Bauern durch Ausdürsten des Baums im Sommer – eine zufällig anlässlich von Wasserstreitigkeiten entdeckte Methode. Bei ökologisch handgeernteten Zitronen bleibt ein Stückchen Zweig am Nippel stehen, was die Haltbarkeit erhöht.

Betörend aromatische **Mandarinen** *(mandarini)*, die an den Kaiserresidenzen Chinas und Japans begehrt waren, wurden 1805 von dem Rosenzüchter und Politiker Sir Abraham Hume nach Europa eingeführt und zunächst auf Malta gepflanzt. Die heutigen Bestände in Sizilien gehen eher auf Samen späterer algerischer Plantagen zurück. In Sardinien angebaute Clementinen sind eine kernlose, fadere Variante, die um 1890 ebenfalls in Algerien durch Kreuzung mit Apfelsinen entwickelt wurde.

Spektakuläre Kostbarkeiten sind **Zitronatzitronen** *(cedri)*, die im Judentum von liturgischer Relevanz sind. Die teilweise monströs auswuchernden Früchte, die bis zu zwei

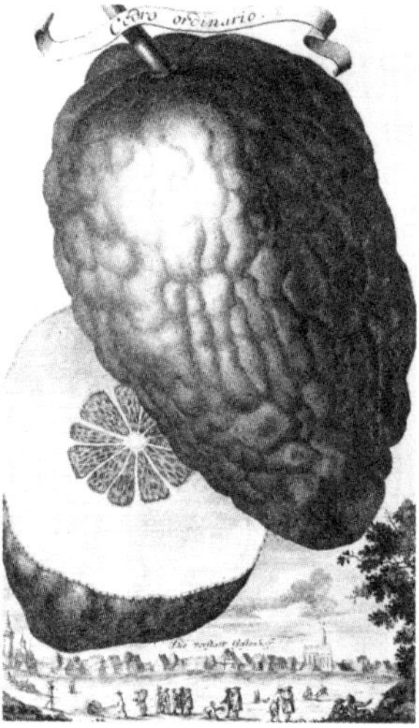

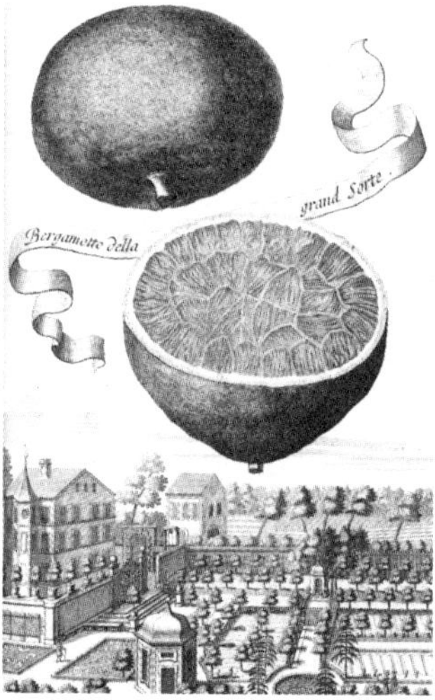

Kilogramm schwer werden können, sind seit dem Altertum bekannt. An der kalabresischen Westküste reifen besonders ebenmäßige Exemplare. Auffällig sind die spitzen Dornen der niedrigen Bäumchen (oben links).

Eine weitere kalabresische Rarität sind **Bergamotten** *(bergamotti).* Die nach Weihrauch duftenden Früchte liefern die Essenzen für exklusive Hespéridés-Parfums und den Earl-Grey-Tee (oben rechts).

Pampelmusen *(pompelmi)* oder Grapefruit (Kreuzung aus Pampelmuse und Orange) werden zum Eigenverbrauch vereinzelt zwischen anderen Bäumen angepflanzt, kaum je in Form einer wirtschaftlich genutzten Plantage.

Ein Jesuit erfindet Hesperien neu

Hercule dignum hortensem laborem et mihi quoque decorum
Mühe auf Gärten zu verwenden ist eines Herkules würdig und auch für mich schicklich.

Giovanni Battista Ferrari

Professor für syrisches Aramäisch an der päpstlichen Hochschule; Kenner des Hebräischen, Arabischen und natürlich der Bibelsprachen Griechisch und Latein – doch nicht nur das: Der Jesuit Giovanni Battista Ferrari war ein Universalgelehrter, wie er im Barock verbreitet war. Zu seinem geisteswissenschaftlichen Interesse, zu seiner theologischen Beschlagenheit und seinem Studium der antiken Literaturen gesellte sich eine Leidenschaft für die Naturwissenschaften, insbesondere die Botanik. Der Gottesmann war als Gärtner und Züchter für die Parks und Zitronengärten der Adelsfamilie Barberini zuständig und arbeitete mit Früchten aus ganz Italien, Portugal und dem Heiligen Land. Er beriet den »Bienenpapst« Urban VIII., einen der seinerzeit prominentesten Kulturförderer und Bauherrn.

Pater Ferrari hatte so ziemlich alles verschlungen, was über Agrumen und ihren Anbau je geschrieben wurde: Von den griechischen Beschreibungen der Zitronatzitrone durch Theophrast bis zu den Versen in Vergils Landbaugedicht *Georgica*, von jüdischen Texten bis zum Lehrgedicht *De Hortis Hesperidum sive de Cultu Citri*, das der neapolitanische Humanist Pontanus in Hexametern verfasst hatte.

So war Ferrari der richtige Mann, um die erste europäische Monographie über Zitrusfrüchte zu schreiben. 1646 erschien in Rom sein Prachtband *Hesperides Sive De Malorum Aureorum Cultura Et Usu Libri Quatuor*, illustriert von führenden Künstlern seiner Zeit wie Pietro da Cortona, Francesco Albani oder Nicolas Poussin.

Ferraris Fokus auf Agrumen dürfte einen jesuitischen Hintergrund haben. Chinamissionare des Ordens bemühten sich im Ritenstreit darum, das Land der Mitte besonders positiv darzustellen, um leichter die päpstliche Erlaubnis zu bekommen, den Gottesdienst an konfuzianische Traditionen anzupassen. Da kam die süße Orange, die in den kaiserlichen Gärten gedieh, gerade recht. Die frommen Väter schworen darauf, dass sie köstlicher munde als die indischen Früchte, die die Portugiesen nach Europa gebracht hatten. 1635 schickten sie ein Orangenbäumchen nach Amsterdam und lösten damit einen Begriffswandel aus. Bis heute heißt die Süßorange botanisch *Citrus sinensis*. Und bis heute sprechen Niederländer und Norddeutsche vom *sinaasappel* oder der *Apfelsine*, dem Apfel aus China.

Die Hesperiden oder vier Bücher über den Anbau und Nutzen der Goldenen Äpfel – der gelehrte Titel verspricht einen agrarischen Zugriff auf den antiken Mythos. Die Erdgöttin Gaia soll als Hochzeitsgeschenk Zeus und seiner Braut Hera einen Baum mit goldenen Früchten überreicht haben. Dieser Solitär wurde in einen Garten am äußersten westlichen Rand der bekannten Welt eingepflanzt. Als

Hüterinnen wurden die drei Hesperiden bestimmt, die Töchter des Abendsterns Hesperos. Als Wächter wurde der nie schlafende Drache Ladon eingesetzt. Seither bewegte dieser Paradiesgarten die Gemüter ehrgeiziger und habgieriger Menschen. Dorthin vorzudringen und sich die Früchte anzueignen galt als das Abenteuer aller Abenteuer. Eine Aufgabe wie zugeschnitten auf den Heroen Herakles, der im Auftrag des Königs Eurystheus zwölf Heldentaten vollbringen musste. Die elfte war der Wunsch, Herakles möge die Goldäpfel heranschaffen. Der Kraftprotz machte das Unmögliche möglich. Er drang über Gibraltar durch die »Säulen des Herakles« in den Atlantik vor, da ihm Prometheus verraten hatte, der Gigant Atlas wüsste, wo der geheimnisvolle Garten zu finden sei. Herakles gelang es, Atlas, der das Atlasgebirge mitsamt Firmament stemmte, zu übertölpeln und in den Garten der Hesperiden einzudringen. Er tötete den Drachen, pflückte drei Äpfel und brachte sie Eurystheus.

So weit, so bekannt. Doch was wurde aus den drei Hesperiden? Hier setzt die Mythosklitterung Ferraris ein. Die drei Damen sahen sich plötzlich frei und ungebunden, da der Drache, der auch sie bewacht hatte, tot war. Also verließen sie flugs ihren Garten, der irgendwo südlich des Atlasgebirges, auf den Kanaren oder Kapverdischen Inseln lag. Sie nahmen, wie ein entzückender Stich zeigt, ein von Seepferden gezogenes Muscheltaxi und fuhren damit übers Meer nach Neapel. Dort trennten sich die Wege der drei Schwestern. Doch hören wir Ferrari selbst:

Als infolge der Barbareneinfälle die Schönheit und der Zauber der afrikanischen Küste ganz zerstört wurde, machten sich die drei Hesperiden, die Töchter des Hesperus, auf, um sich selbst zu retten und das Überleben der Bäume mit den goldenen Äpfeln zu sichern. Sie überquerten in einer Muschel heimlich das Meer und landeten, von freundlichen Tritonen flankiert, an den Küsten Italiens. Nun teilten sie Italien untereinander auf, und jede Schwester wählte sich eine Region für ihren Aufenthalt. Aegle mit den Zedraten zog in die Gegend am Gardasee, Arethusa nahm sich Ligurien und Hesperthusa ließ sich im glücklichen

Campanien nieder, wo sie die Samen ihrer Orangen säte. Ab und zu tauschten sie Früchte untereinander und gemeinsam beglückten sie Rom, die Heimat aller Schönheit, mit ihren Äpfeln.

Der Hesperidenklassiker wirkt bis heute nach. Durch ihn setzte sich die Überzeugung durch, bei den Früchten der drei Schwestern handele es sich um Agrumen und nicht etwa um Quitten, Granatäpfel oder gar nur ein Symbol für goldene Schafwolle. Wichtiger: Ferrari schuf eine mythologische Verlinkung, die zum dauerhaften Topos wurde. Hesperien, diesen griechischen Terminus, der einfach »Land im Westen« bedeutet, hatte schon Vergil für Italien benutzt. Erst der Jesuit Ferrari verknüpfte Hesperien mit den Früchten der Hesperiden und machte so Italien zum Sehnsuchtsland, »wo die Zitronen blühn«.

Chronologie der Zitrusfrüchte Italiens

Damals, als Pästum seine Tempel errichtete, die Tauromenier im Theater saßen und Pindar, Aeschylus und Plato von den Herrschern von Syrakus als Gäste aufgenommen wurden, [war] weit und breit kein blühender Citronenbaum zu sehen, ja jene alten Helden, Künstler und Denker hatten nie von einem solchen auch nur gehört. Erst die Villen, in denen die Humanisten des fünfzehnten Jahrhunderts und die Mitglieder der platonischen Akademie wandelten, waren mit Pomeranzen geschmückt, und süße Orangen brachen erst die schwarzen Väter Jesuiten aus den immergrünen Zweigen und überreichten sie den lächelnden Hofdamen in Puder und Reifrock zur Erfrischung für die schönen, lechzenden, geschminkten Lippen.

Victor Hehn, *Kulturpflanzen und Hausthiere* (1877), »Agrumi«

Jede Zitrussorte hat ihre eigene, oft schwer zu entschlüsselnde Verbreitungsgeschichte. Es scheint festzustehen, dass Zitronatzitronen als Erste italienischen Boden erreichten. Die *cedri* gelangten zunächst aus ihrem indischen Ursprungsgebiet im Himalaya ins benachbarte persisch-medische Großreich. Hier lernten die Juden in babylonischer Gefangenschaft die wohlriechende Frucht kennen und verehren. Über Persien kam die pomologische Rarität nach Griechenland und in der Folge nach Süditalien. Heimkehrende Soldaten Alexanders des Großen sollen die ersten Exemplare mitgebracht haben. Sie nannten die verschrumpelte Frucht wegen der Ähnlichkeit mit einem Zedernzapfen *kítrion*, was zu zahlreichen Verwechlungen geführt hat. Aber auch dem deutschen Sprachraum das Wort Zitrone beschert hat, das also auf die lange vor frischen Limonen eingeführten kandierten Schalen der Zitronatzitrone zurückgeht.

Auf sicherem Terrain sind wir bei den Römern. Nicht nur in Pompeji sind Cedro-Spuren gefunden worden. Diese archäobotanischen Befunde werden durch literarische Zitate bestätigt. Der Agrarschriftsteller Rutilius Palladius gibt den immer noch aktuellen Praktikertipp, die Bäume im Winter mit Strohmatten zu schützen. Die Höchstpreisedikte von Kaiser Diokletian nennen als Maximum für eine einzige Zitronatzitrone die hohe Taxe von 16 bis 24 Denaren. Zum Vergleich: Ein italisches Pfund Rindfleisch oder Käse sollte nicht mehr als 8 Denare kosten. Kernfunde in Tempeln weisen darauf hin, dass Zitronen ebenfalls nicht ganz unbekannt gewesen sein dürften.

Aus der Zeit nach dem Untergang des weströmischen Reichs lassen sich so gut wie keine Informationen zu Agrumen finden. Erst durch frühe Kontakte zur islamischen Kultur sind Zitrusfrüchte in Europa wieder nachweisbar. Nordafrikanische Eroberer bepflanzten ab dem 9. Jahrhundert die Conca d'Oro um Palermo mit bitteren Pomeranzen – bis heute tragen Orangenblüten den arabischen Namen *zagara*. Die ersten Zitronen der italienischen Halbinsel dürften im 10. Jahrhundert in Amalfi geerntet worden sein. Die Seerepublik verfügte über privilegierte Orientbeziehungen.

Zitrusdiplomatie: Süditalienische Langobardenfürsten gaben normannischen Pilgern Zitronen und Orangen aus dem Gargano mit, um sie für Waffenhilfe gegen Byzantiner und arabische Piraten zu gewinnen. Die kulinarische Botschaft kam an und führte langfristig zur Eroberung des Mezzogiorno durch normannische Ritter.

Durch die Kreuzzüge und die Begegnung mit der raffinierteren orientalischen Küche intensivierte sich die Wertschätzung der Südfrüchte. Saft und Speisewürze, Duftöle, Limoncello-Medizin oder Zahnreiniger aus Limonenholz beeindruckten die Abendländer ebenso wie die Tischsitte, die Hände in Zitronenwasser zu tauchen. Jetzt konzentrierte sich der Anbau nicht mehr nur im Süden, sondern auch an der ligurischen Küste. Eine Pionierrolle scheinen Orden gespielt zu haben. Der vom heiligen Dominikus im Garten der Basilika Santa Sabina in Rom Anfang des 13. Jahrhunderts gepflanzte Orangenbaum trotzte Schneewehen und trägt bis heute Früchte – ein römisches Agrumenwunder!

Zitrusgärten, meist zu Zierzwecken angelegt, galten immer mehr als Ausweis adliger Lebensart. Nun wurden die Ufer des Gardasees und der Brentavillen bepflanzt: »abschlagbare« Gewächshäuser ermöglichten ab dem 15. Jahrhundert Zitrusanbau selbst in kühleren Lagen, teilweise tauchten schon mit kleinen Muranoglasscheiben durchfensterte *serre* auf. Das hügelreiche Neapel orientierte sich im Quattrocento an den maurischen Orangenalleen spanischer Städte. Der aus Aragon stammende König Alfons I. ließ 1450 Gärtner aus Valencia nach Neapel schicken, die Zitrusgärten um das Castel Nuovo anlegten. Solch duftende Parks begehrte auch der französische König Karl VIII. und nahm den Gärtnermönch Pacello da Mercogliano mit nach Frankreich, wo er in Amboise und Blois erste Orangerien schuf und damit die Gartenbaukultur der Loireschlösser initiierte.

Etwas später fand eine überraschende Köstlichkeit den Weg nach Italien: süße Orangen, deren Saft ungezuckert trinkbar war! Die gängigste Theorie besagt, dass diese Sorten ab dem 16. Jahrhundert von Portugiesen aus Goa eingeführt wurden. Dafür spricht der regional und in der Levante verwendete Begriff *portogalli* für Apfelsinen. Doch wahrscheinlich waren schon vorher süße Spontanvarianten aus dem spanischen Valencia auf dem Markt.

Im Barock intensivierte sich der Auslandsexport, abzulesen an den niederländischen *monochromen banketjes*, Stillleben, die halbgeschälte Früchte mit roten Hummern und kostbarem Tafelgerät inszenierten. Frische Exemplare, die in strohgepolsterten Kisten mühsam über die Alpen getragen wurden, erzielten horrende Preise. Kandierte oder in Meerwasser konservierte Zitrusfrüchte wurden bis Polen und Russland transportiert. Salzzitronen, heute eher eine marokkanische Spezialität, waren selbst in Nordeuropa gesucht. 1670 bestellte ein gewisser Vincenzo Verrari »Drei Lägl gesurte kleine limoni« nach München. Die lombardische Familie Brentano begann ihre gesellschaftliche Karriere in Deutschland als Zitronenhändler in Frankfurt.

Der medizinische Fortschritt im Zeitalter der Aufklärung brachte die Erkenntnis, dass Zitronensaft gegen Skorbut hilft, und bewirkte Ende des 18. Jahrhunderts einen wirtschaftlichen Schub. Die Anbauflächen in Ligurien und an der Amalfitana wurden ausgeweitet. Die britische Flotte avancierte zum Großabnehmer. Das 19. Jahrhundert brachte einen Boom italienischer Exporte mit sich, auch nach Übersee.

Zitrusfrüchte wurden von der Rarität zur »Kolonialware«. In Sizilien entstanden ausgedehnte Pflanzungen. Um

1850 schafften mit dem griffigen Namen *Fruchtjager* getaufte Schnellsegler die Strecke von Messina nach Hamburg in dreißig Tagen. Noch fixer ließ sich später die verderbliche Ware mit Dampfschiffen oder der Eisenbahn transportieren.

Als die USA Schutzzölle (Dingley Tariff 1897) verhängten und in der Folge der Amerikamarkt wegfiel, wurde dieser Verlust zunächst durch Exporte in europäische Länder aufgefangen. Das galt trotz handelspolitischer Verwerfungen in der faschistischen Ära bis in die 1970er Jahre. Die Europäische Gemeinschaft pumpte seit diesem Jahrzehnt Fördergelder in griechische und wasserarme spanische Großplantagen. Das Resultat waren gravierende Einbrüche in der kleinteiligen, kaum maschinisierten italienischen Landwirtschaft. Erst die Biowelle und die Nachfrage nach geschmacksintensiveren alten Sorten sorgten ab dem Millennium für einen Aufschwung, von dem Gebiete wie das von Amalfi oder die Blutorangenbauern Siziliens profitieren. Heute wird nicht nur der Konsum der Früchte forciert. Durch jahrhundertelange Mühen geformte autochthone Kulturlandschaften zu erleben wird zur touristischen Attraktion.

Orangenschlacht und Südglück

Im Herzen wohnt ein unaufhörlich Sehnen
Zu wogen in des Südens Farbentanze
Berauscht im Blütenstaub der Pomeranze
Hinwegzufliehn auf wollustvollen Tönen.

Otto Heinrich Graf von Loeben (1786–1825), *Südduft*

Die antiken Dichter Roms, allen voran Vergil in seiner *Georgica*, dem *Gedicht vom Landbau*, erwähnen den medischen Apfel, sprich die Zitronatzitrone, meist im heilkundlichen Zusammenhang oder rühmen sie wegen ihres atemreinigenden Duftes. Diese Beschränkung wird verständlich, wenn man sich vor Augen hält, dass es noch keine Haine gab, sondern nur vereinzelt niedrige Zitronatzitronenbäumchen, so dass die Zeitgenossen allenfalls einzelne Exemplare anstaunen konnten.

Poetische Verklärung der Zitrusfrüchte findet sich bei arabischen Dichtern, die das sarazenische Sizilien beschreiben. Dort hatten maghrebinische Spezialisten vor den Toren Palermos Haine von duftenden Pomeranzen angelegt. »Gärten umgeben Palermo wie Geschmeide die Hälse junger Mädchen mit schwellendem Busen«, notierte 1183 keck der andalusische Mekkapilger Ibn Jubayr. Zu einem weniger anzüglichen Vergleich fühlte sich ein Kalbiten-Emir inspiriert, den die von den Ästen hängenden Orangen an Weinbecher in der Hand von Zechern erinnerten.

Die mittelalterlichen Poeten Italiens taten es ihnen nach. Über die sizilianische Kurtisane in Boccaccios *Decamerone*, die ihre Bettlaken mit Orangenblütenparfum besprenkelt, wird eine Verknüpfung mit der sexuellen Sphäre hergestellt. Zugleich feierten die Dichter Zitrusfrüchte als ewig blühendes Naturwunder, ohne die gärtnerische Leistung außer Acht zu lassen. Petrarca rühmt in seinen *Lettere familiari*, das Menschenwerk der Agrumengärten habe die Natur noch übertroffen. Der Humanist Giovanni Gioviano Pontano spinnt in seinem lateinischen Gedicht *De Hortis Hesperidum* den Mythos mit einer aparten Metamorphose weiter. Agrumen sollen aus dem Blut des Adonis entstanden sein, des betörend schönen Liebhabers der Venus, und übten deswegen unwiderstehlichen Reiz aus:

Und du, Baum, lebe reich an Früchten, Blüten und immer frischen Blättern, überdaure die Jahrhunderte, die vorüberziehen, und sei Ehre der Gärten und Gehölze und festliche Wonne der Häuser; auch die Könige werden deinen angenehmen Schatten suchen und du wirst gefeiert werden von nicht endenden Tänzen der Jugend; auf dich wird man zurückgreifen für Festmähler und Brautgemächer; wer in deinem Schatten verweilt, wird unaufhörlich lieben, deine Blätter mögen dem ewigen Frühling nacheifern, deine Frucht sei Rivale des Goldes und deine Blüte strahle von gleicher Farbe wie weißes Silber.

Im Barock war man weniger an der idealisierten Schönheit makelloser Früchte interessiert, sondern fand Verformungen und Launen der Natur spannender. Ein sinistres

Bravourstück, in dem Agrumen ein monströses Eigenleben entfalten, ist ein Sonett des Jesuiten Giacomo Lubrano aus Neapel (1674): *Cedri fantastici variamente figurati negli orti reggiani* (Phantastische Zedratzitronen mit mannigfaltigen Formen in den Gärten von Reggio di Calabria):

Rustiche frenesie, sogni fioriti,
deliri vegetabili, odorosi,
capricci de' giardin ...

Wahnbilder überm Land, blühende Träume,
in Düften taumelnd, grünend wildes Fest,
Launen der Gärten, Proteus im Geäst,
anmutig hingerißne Zedernbäume –
gleich Kadmos' Saat, gewappnet für Turniere,
dem Herbst entgegen waldig kriegerisch,
doch für Pomona heiter trügerisch
entsteigen sie dem Grund als Wundertiere.
Da Tigertatzen, Bärenrachen dort
Und Schlangenformen siehst du, trachtest fort,
dem Schlag zu weichen und Biß zu fliehen.
Lemuren scheinen andre, wirr bewegt,
die Hörner grausig ins Genick gelegt,
um aus dem Schrecken ihre Lust zu ziehen.

Diametral entgegengesetzt ist die heitere, aufnahmebereite Grundstimmung in Goethes Erlebnis des seinerzeit weltberühmten Botanischen Gartens in Palermo, in dem es über 6000 Agrumen gab:

Die Klarheit des Himmels, der Hauch des Meeres, die Düfte, wodurch die Gebirge mit Himmel und Meer gleichsam in ein Element aufgelöst wurden; alles dies gab Nahrung meinen Vorsätzen, und indem ich in jenem schönen öffentlichen Garten zwischen blühenden Hecken von Oleander, durch Lauben von fruchttragenden Orangen- und Zitronenbäumen wandelte, und zwischen andern Bäumen und Sträuchern, die mir unbekannt waren, verweilte, fühlte ich den fremden Einfluß auf das allerangenehmste.

Mit der aufkommenden Romantik fokussiert sich das Italienbild immer mehr auf anmutige Landeskinder in Volkstrachten und malerischen Kostümen. Hart an der Grenze zum Kitsch: Aus der Operettenglas-Perspektive beschreibt Eduard Mörikes *Mozart auf der Reise nach Prag* eine Orangenschlacht, die er als dreizehnjähriger Wunderknabe in Neapel erlebt hat:

Von entgegengesetzten Seiten her näherten sich einander zwei zierliche, sehr leicht gebaute Barken, beide, wie es schien, auf einer Lustfahrt begriffen. Die eine, etwas größere, war [...] prächtig bemalt, der Schnabel vergoldet. Fünf Jünglinge von idealischem Aussehen, kaum bekleidet, Arme, Brust und Beine dem Anschein nach nackt, waren teils an dem Ruder beschäftigt, teils ergötzten sie sich mit einer gleichen Anzahl artiger Mädchen, ihren Geliebten. [...]
Inzwischen war das andere, einfachere Fahrzeug näher gekommen. Hier sah man bloß männliche Jugend. Wie jene Jünglinge Hochrot trugen, so war die Farbe der letztern Seegrün. Sie stutzten beim Anblick der lieblichen Kinder, winkten Grüße herüber und gaben ihr Verlangen nach näherer Bekanntschaft zu erkennen. [...] Die Roten sahen verächtlich und finster darein, konnten aber nichts machen, als mehrere der Mädchen einig wurden, den armen Teufeln wenigstens doch etwas für den Hunger und Durst zuzuwerfen. Es stand ein Korb voll Orangen am Boden; [...] Und jetzt begann ein entzückendes Schauspiel, unter Mitwirkung der Musik, die auf dem Uferdamm aufgestellt war.
Eine der Jungfrauen machte den Anfang und schickte fürs erste ein paar Pomeranzen aus leichter Hand hinüber, die, dort mit gleicher Leichtigkeit aufgefangen, alsbald zurückkehrten; so ging es hin und her, und weil nach und nach immer mehr Mädchen zuhalfen, so flog's mit Pomeranzen bald dem Dutzend nach in immer schnellerem Tempo hin und wider. [...]
Die Schiffe drehten sich auf etwa dreißig Schritte in langsamer Bewegung umeinander, kehrten sich bald die ganze Flanke zu, bald schief das halbe Vorderteil; es waren gegen vierundzwanzig Bälle unaufhörlich in der Luft, doch glaubte man in der Verwirrung ihrer viel mehr zu sehen. [...]

So angenehm jedoch das Auge beschäftigt wurde, so lieblich gingen fürs Gehör die Melodien nebenher: sizilianische Weisen, Tänze, Saltarelli, Canzoni a ballo, ein ganzes Quodlibet, auf Girlandenart leicht aneinandergehängt. Die jüngere Prinzeß, ein holdes, unbefangenes Geschöpf, etwa von meinem Alter, begleitete den Takt gar artig mit Kopfnicken; ihr Lächeln und die langen Wimpern ihrer Augen kann ich noch heute vor mir sehen.

Sinnbild eines vitalen Italiens sind Agrumen für den Helden von André Gides Roman *Der Immoralist* (1902). Ein verklemmter intellektueller Handschriftenkundler wirft in Syrakus Ballast ab:

Meine Gelehrsamkeit, die sich bei jedem Schritt regte, war mir im Weg, behinderte meine Freude. Ich konnte kein griechisches Theater, keinen Tempel betrachten, ohne ihn sogleich im Geist zu rekonstruieren. Jede Ruine, die an der Stelle eines antiken Festes übriggeblieben war, ließ mich darüber trauern, daß es tot war; und mir graute vor dem Tod.
Ich kam so weit, dass ich die Ruinen floh, daß ich den schönsten Monumenten der Vergangenheit diese niederen Gärten vorzog,

die man Latomien nennt, wo die Zitronen die herbe Süße der Orangen haben [...].

Orangenbäume sammeln Sonnenuntergänge: Hesperien als »Seelengarten« ist auch ein Thema des faunischen Capri-Liebhaber Theodor Däubler, der 1915 den Gedichtband *Hesperien. Eine Symphonie* veröffentlichte. Im direkten psychologischen Dialog mit Mignons Pflanzen gelingt es dem Dichter, Klischees eine pathetische Note abzugewinnen – ein Nordlicht findet unter italischem Himmel zum Einklang mit sich selbst:

Schon schwellt der Orange benebelnder Duft
Fast heimlich herbei und berauscht meinen Sinn
Hier kühlt stiller Lorbeer die windliebe Luft,
Und Myrten enthaucht es, kaum merkbar: ich bin!

Pretiöse Jugendstillyrik ist seine Pastorale, die einen taufrischen Morgen einfängt:

Nun singe ich den Sang der schönen Lauben,
Den Myrtenbäumen mit den zarten Morgenhauben:
Orangen prangen da von Zitterlicht umsponnen,
Zitronen perlen leicht in Diamantenwonnen.
Von jedem Blatte schimmern noch die guten Sterne.
Dann tropfen Knospen auf und gleichen schon dem Kerne,
Orangenüberschwänge blühen, duften, golden,
Der Morgen schlingt sich groß empor mit Sonnendolden.

Der in Triest in einer deutschen Kaufmannsfamilie geborene Zitronenschwärmer Däubler hat einen entfernten ligurischen Geistesverwandten. Der Literaturnobelpreisträger Eugenio Montale schreibt sein Gedicht *I limoni* (1975) (italienischer Schulstoff!) ohne literarisches Pathos und Wortgefunkel. Sein Ansatz, beim Anblick oder in Gesellschaft von Agrumen eine tiefe innere Freude, ein stummes Einssein mit der Schöpfung zu spüren, ja die Präsenz dieser Bäume als Stimmungsaufheller, als seelisches Heilmittel zu empfinden, geht aber in die gleiche Richtung:

Die Zitronen

… ich mag die Gänge längs den Straßenrändern, hinab durch das Röhricht und hinein in die Gärten, zu den Zitronenbäumen.
Deutlicher lässt sich das Raunen vertrauter
Zweige vernehmen durch die fast reglose Luft,
fühlsamer sprüht der Duft,
vom Erdreich noch immer nicht frei,
in die Brust unruhige Süße.
Wunderbar schweigt hier der Krieg
Selbstvergessener Leidenschaften;
Reichtum wird auch uns Armen hier zugeteilt,
Düfte von den Zitronenbäumen.

Qui tocca anche a noi poveri la nostra parte di ricchezza
Ed è l'odore dei limoni.

Doch dann versagt der Trug, die Zeit versetzt
Uns in den Lärm der Städte, wo die Bläue
Sich nur in Fetzen zeigt, hoch an den Simsen.
Der Regen wird die Erde peitschen; dicht
Die Winterschwere auf den Häusern lasten;
Das Licht uns meiden, leiden die bittere Seele.
Bis uns einmal zwischen den beiden
Flügeln eines Tores, aus den Bäumen
Eines Hofs das Gelb der Zitronen trifft,
der Frost im Herzen vergeht,
in die Brust uns weht
der Gesang aus den goldenen
Sonnentrompeten der Helligkeit.

Zitronenmadonnen versus Capri-Batterie

Il colore del limone è a due isolati dal sole.
Die Farbe der Zitrone ist nur zwei Blocks von der Sonne entfernt.
Fabrizio Caramagna

In den Wandmalereien der Casa del frutteto in Pompeji sieht man ein Bäumchen mit länglichen gelben Früchten. Das könnten die frühesten Darstellungen von Zitronatzitronen sein.

Erst mit den Kreuzzügen gelangten Agrumen in größerem Umfang nach Europa. Die heilsamen Früchte galten als Paradiesäpfel aus dem irdischen Garten Eden, dem Heiligen Land. Was ihnen in der Ikonographie des Mittelalters und der Renaissance eine prominente Stellung verschafft.

Zitrusfrüchte sind omnipräsent auf Gemälden. Ihre koloristischen Qualitäten finden sich in unterschiedlichsten Kontexten. Sie liegen auf Abendmahltischen, werden vom

Christusbaby gehalten oder präzisieren mythologische Gemälde Botticellis, die der Geburt der Venus und der Primavera huldigen. Die Liste der Agrumenmaler liest sich wie ein Who is Who der italienischen Malerei. Fra Angelicos Christus ruht in einem Orangenhain, bei seiner Kreuzabnahme wird eine italienische Landschaft durch Orangenbäume orientalisiert. Benozzo Gozzoli präsentiert seine Heiligen Drei Könige in der Florentiner Medici-Kapelle vor Apfelsinenbäumen reitend. Unter einem Zitronenspalier plaziert Andrea Mantegna seine Marien, Agrumenbäume beschirmen seine *Madonna in Gloria* im Mailänder Castello Sforzesco. Der Veroneser Paolo Morando denkt interaktiver: Ein hübscher Johannes der Täufer zeigt dem Betrachter eine Zitrone, während das Christuskind versucht, sie zu erhaschen. Saures Symbol, bittere Vorahnung des Martyriums samt Essigschwamm? Oder doppeldeutig eine Aufforderung zum Maßhalten? Die Zitrone reizt das Auge und ist doch sauer ...

Ghirlandaio gruppiert sein Abendmahl in einem Haus mit Garten, in dem dichtbehangene Zitronenbäume stehen. Leonardo da Vincis verblassende Wandmalerei desselben Themas zeigt eine Agrumenscheibe neben einem gebratenen Aal und zitiert damit ein Renaissancerezept. Auch bei Tizians Version im Escorial speist die Jüngerrunde Aale, auf der Vorderkante des Tisches prunkt eine Orange neben einer Zitrone. Ein Paradebeispiel eleganten Agrumeneinsatzes ist Paolo Veroneses Verkündigung in der venezianischen Accademia. Schauplatz: eine Villa, ausstaffiert mit Orangenbäumchen, die in modischen Trapeztöpfen stecken. Nicht zu vergessen die florentinischen Della-Robbia-Brüder, die ihre strengen Majolika-Tondi gern mit Rahmen aus gelben Limonen und Orangen bekränzen.

Woher kommt diese malerische *Citromanie*? Das feurige Kolorit, das grelle Gelb einer Zitrone oder der Farbton einer Apfelsine veränderten die Palette so frappant, dass der Obstname Orange namensgebend für die Farbe wurde – Goethe hatte sich noch mit der Umschreibung goldgelb geholfen. Auch die runzlige Schale reizte zur virtuos-minutiösen Wiedergabe. Den Privilegierten vorbehaltene Zitrusfrüchte wurden mit Begriffen wie selten und edel assoziiert. Sie erhöhten den symbolischen Rang des Themas. Ein raffiniertes Beispiel ist Jan van Eycks Arnolfini-Hochzeit, wo Rang und *italianità* des in Brügge lebenden Paares diskret durch Apfelsinen auf der Fensterbank angedeutet sind.

Um diese *frutti virtuosi*, diese tugendhaften Früchte, rankte sich ein skurriles Geflecht von allegorischen Ausdeutungen. Agrumen wurden in eine physiologische Weltsicht integriert, in der botanische Fakten als Beweis christlicher Wahrheiten dienen. Eine neue Ikonographie entstand.

So wurde der Orangenbaum zum Mariensymbol, da er mit seinen cremeweißen Blüten Jungfräulichkeit und mit seinen Früchten gleichzeitig Mutterschaft signalisiert – die unbefleckte Empfängnis, die *immacolata concezione*, von der Natur widergespiegelt! So sitzt die Madonna, die Cima da Conegliano aus dem Veneto 1495 malte, im Freien unter einem Orangenbaum.

Die Zitrone wurde mit Reinheit gleichgesetzt – selten von Ungeziefer befallen, bleibt sie lange am Baum hängen. Ihr Fruchtfleisch wurde als kalt angesehen und mit sexueller Frigidität assoziiert. Der Baum umhüllt sich nach dieser Vorstellung in instinktiver Keuschheit ganzjährig mit Blättern. Die spitzen Dornen mancher Agrumen ließen sich als Ausdruck verteidigungsbereiter Virginität deuten. Dass die Blätter immergrün sind, dass Zitronatzitronen angeblich nicht faulen, also unverweslich sind, wurde als botanischer Hinweis der Schöpfung auf die reale Möglichkeit des Ewigen Lebens gedeutet.

Agrumenzitate sollten die Authentizität der Darstellung des Heiligen Landes verbürgen, obwohl es dort zu Lebzeiten Christi allenfalls vereinzelt Zitronatzitronen gegeben haben dürfte. Wer die italienische Malerei von Giotto bis zu Perugino und Pinturicchio mit ihren toskanischen und umbrischen Landschaften studiert, stellt fest: Die Künstler besaßen keine orientalisierenden bildsprachlichen Mittel. Alle Häuser, alle Veduten sehen italienisch aus. Erst Zitronen oder Orangen verorten das Geschehen im Orient oder in Ägypten, wo die Heilige Familie durch Wüstenlandschaften mit Pomeranzenbäumen flieht.

Die Ästhetik des Stilllebens verdankt der optischen Attraktivität der Agrumen viel. Die Obst- und Früchteporträts Arcimboldos, der am Prager Hof für Kaiser Rudolf II. malte, leben von koloristischen Eyecatchern. Die Brauntöne der aus verdorrtem Astwerk und Gestrüpp zusammengesetzten Allegorie des Winters werden, saisonal korrekt, durch ein Gehänge einer leuchtenden Zitrone und einer Orange kontrastiert, das die Figur wie eine Brosche am Hals trägt. Bartolomeo Bimbi, Zitronenmaler des Medici-Großherzogs Cosimo III., adelt Zitronen zu Protagonisten seiner botanischen Demonstrationstafeln, die durch das Medium der Ölmalerei besonders lebendig wirken.

Wie in der Literatur werden im 19. Jahrhundert Orangenpflückerinnen in Tracht zum Sujet romantischer Italienbilder. Der Schweizer Louis Léopold Robert inszeniert 1824 zwei sehnsuchtsvoll aneinandergeschmiegte Capresinnen vor blauender Küstenlandschaft, die einen schweren, früchtebeladenen Korb abgesetzt haben und einem Mandolinenspieler lauschen. Wildgelockte Agrumenverkäuferinnen avancieren zu einer gut verkäuflichen Figurine der neapolitanischen Genremalerei der Scuola del Posilippo, Marktszenen reizen mit ihren orangen und gelben Tönen zu impressionistischer Pinselführung.

Maler wie Giorgio de Chirico stehen für eine künstlerische Bewegung des Novecento, die Agrumen wegen ihrer abstrakten Kugel- oder Ovalform und ihrer puren Monochromie schätzt und in surrealen Kompositionen einsetzt. Fotografisch hat der in Gaeta lebende Amerikaner Cy Twombly 2005 die Porosität und antropomorphe Form von Zitronatzitronen in seiner Serie *Lemons* eingefangen.

Die verblüffendste Umsetzung des Themas ist Joseph Beuys gelungen. Mit seiner Capri-Batterie, einer zitronengelben Glühbirne, die ihre Energie aus einer aufgeschnittenen Limone bezieht, hat er ein metaphysisches Symbol für die Lebensfreude geschaffen, die sich aus der Begegnung mit Hesperien, sprich Italien, ziehen lässt.

Orangeneinwickelpapiere haben längst musealen Status als Volks- und Gebrauchskunst. Aufgekommen um 1850, um die in Kisten verpackten Früchte abzupuffern und die

Ausbreitung von Schimmel zu verhindern, waren die seidigen Papiere zunächst weiß und wurden erst später bunt bedruckt. Ab den 1970er Jahren kamen sie aus der Mode, da die Schalen nun meist chemisch konserviert wurden. Das virtuelle Orangenpapiermuseum Opium (www.opium-museum.de) des Sammlers Dirik von Oettingen vermittelt mit seinem Weltrekord-Bestand von über 40 000 Papieren einen umfassenden Überblick über Zeitgeschichte und Motivik.

Der Großteil zeigt einfach Firmenlogos. Andere haben, vergleichbar mit den seit Ende des 19. Jahrhunderts beliebten Liebig's-Fleisch-Extract-Sammelkarten, keinen Bezug zum Produkt, sondern buhlen anbiedernd um die Gunst der Käufer. Die Abbildungen reichen von amerikanischen Präsidenten und Micky-Maus-Fakes bis zu eleganten, nach der neuesten Mode gekleideten Pariserinnen. Oder dem beliebten deutschen Struwwelpeter, der seit 1936 die Einwickelpapiere der Firma Tringale in Catania ziert. Die interessantesten zeigen italienische Szenen: Orangenbäuerinnen, Agrumenschiffe, das Landschaftspanorama des schneebedeckten Ätna. Auf sizilianischen Papieren finden sich auch naive rassistische Karikaturen. So ein Exemplar mit einem energisch wirkenden elefantenohrigen und wulstlippigen afrikanischen Sergeant in Fremdenlegionärsuniform, der offensichtlich PETER heißt. Die Botschaft der Geschmacklosigkeit: Der Exporteur wollte mit der Abkürzung der populären Marke Struwwelpeter Konkurrenz machen und ließ zugleich kolonialistische Afrikaphantasien einfließen. Denn die beliebteste Blutorangensorte heißt Moro, was man auch als Maure, Mohr oder Schwarzer übersetzen kann. Liebenswerter ist da ein anderes Papier, das eine schlanke afrikanische Mutter zeigt, die sich aus einer überdimensionalen Blutorangenhälfte einen Sonnenhut gebastelt hat. Das Baby, das sie auf dem Rücken trägt, leckt sich genüsslich die Lippen nach den leckeren Safttropfen, die aus der Frucht nach unten perlen und seine Zunge benetzen.

Vertonte Orangen

Kennst du das Land, wo die Zitronen blühn,
Im dunklen Laub die Goldorangen glühn,
Ein sanfter Wind vom blauen Himmel weht,
Die Myrte still und hoch der Lorbeer steht?
Kennst du es wohl?
Dahin! dahin
Möcht ich mit dir, o mein Geliebter, ziehn!
Kennst du das Haus? Auf Säulen ruht sein Dach.
Es glänzt der Saal, es schimmert das Gemach,
Und Marmorbilder stehn und sehn mich an:
Was hat man dir, du armes Kind, getan?
Kennst du es wohl?
Dahin! dahin
Möcht ich mit dir, o mein Beschützer, ziehn!
Kennst du den Berg und seinen Wolkensteg?
Das Maultier sucht im Nebel seinen Weg.
In Höhlen wohnt der Drachen alte Brut.
Es stürzt der Fels und über ihn die Flut.
Kennst du ihn wohl?
Dahin! dahin
Geht unser Weg! O Vater, lass uns ziehn!

Johann Wolfgang von Goethe

Ein 13-jähriges Mädchen, ein halbes Kind noch, fleht um sein Lebensglück. Das ist, extrem verkürzt, der Inhalt des berühmtesten deutschen Italienlieds. *Kennst du das Land, wo die Zitronen blühn* – die Goethe-Zeile hat sich tief ins Kollektivgedächtnis eingegraben. Mignons Lied entstand im Kontext des Bildungsromans *Wilhelm Meisters Lehrjahre* (1795/96). Geheimnisse umweben diese Mignon, die trotz ihres französischen Namens Italienerin ist. Sie wurde von italienischen Wanderschauspielern entführt und vielleicht auch missbraucht (*was hat man dir, du armes Kind, getan?*). Als die Truppe in Deutschland auftritt, ist der Protagonist Wilhelm Meister gebannt von ihren Tanz- und Musikkünsten und ihrer androgynen Ausstrahlung. Als das Mädchen vom Prinzipal misshandelt wird, kauft ihm Wilhelm kurzerhand die Kleine ab.

Zwischen den beiden baut sich eine unterschwellig erotische Spannung auf. Während Wilhelm eher Beschützergefühle entwickelt, hängt sich Mignon mit der pubertären Verzweiflung einer Heimat- und Elternlosen an ihren Ersatzvater und versucht einmal in sein Schlafzimmer zu schleichen. Ihr Lied ist der ödipale Versuch einer Minderjährigen, Wilhelm mit den Reizen Italiens zu umwerben und ihn durch eine gemeinsame Reise ganz für sich zu gewinnen. Als Wilhelm eine Partnerin findet, stirbt Mignon an gebrochenem Herzen.

Die immense Südsehnsucht, die aus den Bildern dieses Gedichtes strahlt, hat Generationen auch unabhängig vom Roman fasziniert. Und Komponisten von Weltrang gereizt, die Verse in Töne zu transponieren.

Nicht alle fühlten sich dabei so in die literarische Situation ein wie Franz Schubert, der 1815 das Drängen und die Ungeduld Mignons in schnellen aufgeregten Tempi wiedergab. Beethoven fing sich einen Rüffel Goethes ein, er habe 1809 eine pompöse klassische Arie geschrieben, wobei es doch aus den Versen ersichtlich sei, dass es sich um ein einfaches Lied handele. Besser kam die frühe schlichte Vertonung durch Johann Friedrich Reichardt in *Lieder der Liebe und der Einsamkeit* (1798) an. Mädchenhaftes Sehnen kommt in der prominentesten weiblichen Umsetzung

durch Fanny Mendelssohn-Hensel (1822) zum Ausdruck. Ein Ohrenschmaus ist ihre notenreiche Vertonung des Wortes Goldorangen. Ob es Hugo Wolf 1891 gelungen ist, besser als seine Vorgänger die kindliche Tragik der Heimatlosen in Töne zu übersetzen, sei dahingestellt. Spontan würde man seinen konstruierten Gesang ebenso wie Franz Liszts virtuose Sopranversion von 1842/56 eher einer erwachsenen Diva zuschreiben.

Auch andere musikalische Bearbeitungen wie Schumanns dramatische oder Alban Bergs pretiöse zeigen, wie weit sich die Tonsprache zuweilen vom literarischen Vorbild emanzipiert. Dabei erweckt sie den Eindruck, als ginge es ihr vor allem darum, die Schönheit und Sinnlichkeit Italiens zu preisen. Dass dem Gesang Mignons sogar internationaler Erfolg beschieden war, beweisen englische, russische und französische Vertonungen von Peter Tschaikowsky bis zur Oper *Mignon* von Ambroise Thomas (1866). Lediglich in Italien selbst scheint die Huldigung erst in der Ära der Tourismuswerbung angekommen zu sein.

Die Bandbreite all dieser Interpretationen belegt: Mignons Lied ist zum Kunstliedschlager des 19. Jahrhunderts und damit zum »Prototyp nordischen Italienwehs« geworden, so der Kunsthistoriker G. Ulrich Großmann, unter dessen Ägide das Germanische Nationalmuseum in Nürnberg »Zitrusfrüchten in Kunst und Kultur« 2011 eine Sonderausstellung gewidmet hat. Es hat Zitronen und Orangen musikalisch dauerhaft mit dem Image Italiens verklammert, hat Hesperien in einem Vers, einem Lied auf den Punkt gebracht. Johann Strauss' Walzer *Wo die Zitronen blühen* ist ein Beispiel dafür, wie sich die erste Zeile von Mignons Lied zur Italienchiffre verselbständigt hat. Und die Oper *Cavalleria Rusticana*, die mit dem Chor der heimkehrenden Pflückerinnen *Gli aranci olezzano* (Die Orangenbäume duften) beginnt, steht dafür, wie diese Früchte zum Sizilien-Marker werden.

Nicht nur Nordlichter sehnten sich nach Orangen. Vincenzo Bellini (1801–1835), der »Schwan von Catania«, umjubelter Komponist von Belcanto-Opern, ließ sich in Paris Blutorangen aus seiner Heimat zusenden. Agrumenwünsche von Norditalienern lassen sich leichter befriedigen: Der Piemonteser Grandseigneur Paolo Conte hat mit seinem Chanson *Gelato al limon* unterstrichen, dass Liebe und Liebesgaben keine Sache des Luxus und des Geldbeutels sind. Und Lucio Battisti verriet einer Angebeteten, dass in seiner Brust eine Zitrone schlägt: *batte in me un limone giallo, basta spremerlo!* Presse sie aus!

Die Maske mit dem Vogelschnabel

Dottor Limone
Italienisches Sprichwort

Napoli 1973. Eine verschwunden geglaubte Krankheit bricht wieder aus. Die Cholera. Impfstoffe können zunächst nicht in genügender Menge herangeschafft werden. In dieser Situation besinnt sich die Vesuvstadt auf ein traditionelles Hausmittel: *cura dei limoni*. Die Zitronenpreise steigen binnen Stunden in nie gekannte Höhen. Die Rosskur sieht vor, den Saft von bis zu zwanzig Zitronen täglich zu schlucken. Sie soll auch anderweitig helfen, gegen Nierensteine, Gicht und Verkalkungen.

Volksmedizinische Hoffnungen, die auf uralten Traditionen fußen. Kaum eine Heilwirkung wurde in den letzten 2000 Jahren Zitrusfrüchten nicht unterstellt. Allen voran galten Agrumen als Abwehrmittel gegen Pest. Der

Neuplatoniker Marsilio Ficino (1433–1499) rät, bei Epidemien zum Schutz ständig eine Orange in der Hand zu halten. Etwas praktikabler war der Tipp des kaiserlichen Leibarztes Pietro Andrea Mattioli, sich zur Desinfizierung kräftig mit Hesperidendüften einzuparfümieren. Der Nutzen blieb fraglich: Mattioli starb 1578 an der Pest. Als luxuriöseste Abwehrmaßnahme galt Baden in parfümiertem Orangenwassser. Die venezianische Commedia-dell'Arte- und Karnevalsmaske des Dottore geht darauf zurück, dass in dem überlangen Schnabel Heilkräuter und Limonenschalen verborgen waren; so konnte der Arzt miasmenfreiere Luft atmen.

Der griechische Spezialist Dioskurides, dessen Arzneimittellehre Mattioli bearbeitete, zählte weitere Indikationen auf: Agrumen vertreiben Motten und Mundgeruch, sind abführend und mildern Schwindel und Geburtswehen.

Folgenreich war die Definition der Schule von Salerno. Gemäß der sogenannten Humoralpathologie oder Säftelehre wurden ab dem 11. Jahrhundert alle Lebensmittel nach ihren Eigenschaften und ihrer individuellen Bekömmlichkeit kategorisiert. Kompliziert war es bei Zitronen: Die Schale galt als heiß und trocken, das Fleisch als kalt und feucht, die konzentrierte Säure wiederum als trocken. Bis heute benutzt man Zitronenspritzer zu Fleisch oder Fisch, um den Appetit anzuregen und die Bekömmlichkeit der Speisen zu befördern. Der Schule von Salerno folgte auch Hildegard von Bingen. Die gelehrte Äbtissin empfahl, gegen Fieber Früchte und Blätter des *Bonciderboums* (Zitronenbaums) in Wein zu kochen.

In der Veterinärmedizin sollte Zitronatzitronengeruch die Paarungswilligkeit von Stuten und Eselinnen stimulieren. Humane Anwendungsgebiete dieses Allround-Heilmittels waren Asthma und Melancholie, Müdigkeit und Ruhr, Seekrankheit, Schlangenbisse und Vergiftungen. Die Volkstherapie bekämpft Bandwürmer und Kater mit einem beherzten Shot von Zitronensaft und extrastarkem Espresso und desinfiziert Wunden mit Limonensaft. Kalabresen schwören auf frischgepresste Bergamotten als Wundergabe gegen Hypertonie, Haarausfall, Schuppenflechte und um Depressionen und Hungergefühle zu unterdrücken. Aqua mirabilis, die mit Bergamottenessenz aromatisierte Urform von Kölnisch Wasser, wurde auch zur Linderung von Kopf- und Herzschmerzen angepriesen.

Den ganz großen medizinischen Auftritt aber hatten Zitronen (und Chinotti) bei der Bekämpfung von Skorbut. Diese Vitaminmangelkrankheit, die die Zähne ausfallen lässt und schließlich zum Tode durch Ermattung führt, war seit der frühen Neuzeit bei den manchmal monatelangen Entdeckungsreisen zum Problem geworden. Es gibt Hinweise, dass Chinesen und Portugiesen früh um die schützende Wirkung von Zitronenkonsum wussten. Billig war diese Maßnahme nicht; darum zögerte die britische Royal Navy trotz wissenschaftlicher Beweise lange, sie umzusetzen. Die 1795 erlassene Anordnung, dass auf Schiffen Zitronensaft mitzuführen sei, verschaffte den englischen Matrosen den populären Spitznamen *limey*. Die Isolierung der Antiskorbut-Ascorbinsäure in den 1920er Jahren und die industrielle Produktion von Vitamin C ab 1934 brachte das einträgliche Zitronengeschäft mit der Marine allmählich zum Erliegen.

Aber nicht den Glauben an die Heilkraft von Limonen. Wundert es angesichts all der Indikationen, dass sich während der Corona-Epidemie die Zitronenpreise in Italien verdoppelten?

Limonaden & Limoncello

Die Aquaioli reihen sich im Abstand von fünfzig Schritten, einer neben dem anderen, es genügt, im Vorbeigehen den Arm auszustrecken, der Becher findet zu Euch, und der Mund beugt sich eilends von selbst zum Becher. Nichts ist verlockender unter diesem ausdörrenden Klima als die Bude eines Aquafrescaiolo mit seinem Dach aus Weinlaub, seiner Rahmung durch Zitronengirlanden und zwei glänzenden Fässchen voller Eiswasser. Ich weiß für mein Teil, dass ich es nie müde wurde, diese Art, sich zu erfrischen, ohne auch nur länger verweilen zu müssen, anbetungswürdig zu finden.

Alexandre Dumas in Neapel (1835)

Salat, Pizza und Pasta, Espresso und *Gelato*. Alles Lieblingsgenüsse der globalen Gegenwart. Alle ursprünglich *made in Italy*. Fehlt nur noch Limonade.

Luxus-Limonadiers gab es auch in Paris, Holland und Wien ab dem 17. Jahrhundert. Was Limonade trotzdem so italienisch macht, ist zum einen die fast unbegrenzte Verfügbarkeit von Zitrusfrüchten, darunter auch *scarti*: ausgesonderte, unansehnliche, nicht zum Export bestimmte

Ware, die ausgepresst wurde und als Saft Verwendung fand. Und zum anderen der jahrhundertelange kulturelle und kulinarische Konsum von Erfrischungsgetränken und Sorbets auf Agrumenbasis, den alle Volksschichten Süditaliens pflegen. Lebendige Limonadengeschichte ist heute in den kultigen *chioschi* von Neapel präsent, die mit Heiligenbildchen und prallen Agrumenbüscheln behängt sind. Die Buden für alkoholfreie Getränke entstanden im 19. Jahrhundert als feste Verkaufsstellen der vorher ambulanten Wasserverkäufer. Schon immer war es ein Trick, das frische Nass durch einen Spritzer Zitrone schmackhafter zu machen. Nach den zahlreichen Epidemien, die die enggedrängte und übervölkerte Großstadt heimsuchten, kam der medizinische Aspekt dazu. Das tägliche Glas Limonade war erschwingliche rezeptfreie Volksmedizin, wie Goethe mit Soziologenblick konstatierte: »Einige gehen herum mit Fäßchen Eiswasser, Gläsern und Zitronen, um überall gleich Limonade machen zu können, einen Trank, den auch der Geringste nicht zu entbehren vermag«. Ob der Geheimrat selbst zugriff, wissen wir nicht.

Pasteurisierter *succo* aus der Tüte, wie man ihn praktischerweise bei Hotelfrühstücken ausschenkt, wird verachtet und stattdessen vitaminreiche, frischgepresste Spremuta mit Mineralwasser aufgegossen und auf Wunsch mit einem Löffel weißen Sodabikarbonatpulvers zum Schäumen gebracht. Wie beliebt diese Energiedrinks schon vor zweihundert Jahren waren, belegen die Traktate des neapolitanischen Geistlichen und Haushofmeisters Vincenzo Corrado, der Dutzende von alkoholfreien und alkoholischen Zitrusgetränken aufzählte, darunter eine *acqua di perfetto amore*: Das Wasser der perfekten Liebe bestand aus mit Gewürznelken und Zimt in Spiritus mazerierten Schalen von Süßorange, Zitrone und Zedratfrucht. Der Extrakt wurde mit Zucker gesüßt und mit kostbarer Cochenille, einem aus Schildläusen gewonnenen Farbstoff, liebesrot eingefärbt.

Umweg USA: Sizilianische Auswanderer, die als Passagiere im Rumpf von sogenannten *lemon boats* eingereist waren und in den Zuckerrohrplantagen Mississippis schufteten, entdeckten schnell eine bessere Verdienstmöglichkeit.

Sie mixten günstigen Rohrzucker mit dem Saft von aussortierter Zitronenfracht und boten diese *Italian Lemonade* in Little Sicily oder Little Palermo an, wie diese italienisch dominierten Stadtteile von New Orleans damals hießen. Die Prohibition (1920–1933) führte zum Aufschwung der amerikanischen Limonadenindustrie, die in Italien begeisterte Nachahmer fand.

Dalle Alpi alla Sicilia heißt es in der italienischen Nationalhymne: 1932 bringt Ezio Granelli, Patron der Mineralbrunnen von San Pellegrino, eine Orangeade auf den Markt, ein Gemisch aus sizilianischem Saft und lombardischem Sprudelwasser – die erste überregional verbreitete *gazzosa* oder *spuma*. 1949 folgt ein weiterer Klassiker, die *aranciata amara* mit dem Bitterorangen-Flavour, der auch alkoholfreien Drinks wie San Pellegrino Bitter den sensorischen Kick verleiht. Fertig abgefüllte Cedrata Tassoni aus Salò am Gardasee kam 1956 heraus – vorher hatten die Einheimischen Zitronatzitronensirup selbst mit Sodawasser aufgespritzt. Die Marke Cortese, die heute den Biosektor bespielt, folgte 1959. Der piemontesische Mineralbrunnen Lurisia stieg 2008 ins Geschäft mit sortenreinen Limonaden ein. Niasca in Portofino realisierte ab 2013 die Vision einer »Kilometro-Zero-Limonade« nur aus ligurischen Früchten. Regionale Limonaden von Mikro-Herstellern

liegen im Trend. Ein Beispiel ist der Erfolg der revitalisierten Marke Polara aus der sizilianischen Barockstadt Modica. Die Fläschchen mit dem Vintage-Etikett verbreiten die Botschaft: Es ist sinnvoll, Limonaden dort abzufüllen, wo die Früchte wachsen.

Limoncello hat arabische Urahnen. Lange bevor das Abendland die Technik des Destillierens beherrschte, beschrieb der ägyptische Jude Ishaq Ibn Suleyman al-Israeli die Herstellung eines Zitronenlikörs. In Italien waren es zuerst Klöster, die in ihren Apotheken Alkohol mit Früchten aus den eigenen Gärten aromatisierten. In der Renaissance verbreitete sich das Wissen, wie man sogenannte *rosoli* herstellt, eine mazerierende Verarbeitungsmethode, die im Prinzip gleich ist für Rosenwasser, Wildfenchel-, Mandarinen- oder Chinotto-Liköre. Viele dieser Liköre wurden weiterhin von Klöstern oder Apotheken fabriziert, die das Monopol des Alkoholverkaufs besaßen, doch immer öfter wurde Rosolio auch zu Hause angesetzt.

Bei der industriellen Herstellung war lange Frankreich führend. Dafür stehen Produkte wie Grand Marnier (1880), der das Aroma karibischer Orangen mit Cognac vermischt, oder relativ trockener Cointreau (1885), für den wegen dreierlei verwendeter Orangensorten der Fachbegriff *triple sec* geprägt wurde. Ein selten gewordenes italienisches Konkurrenzprodukt ist die Kugelflasche mit dem Pomeranzenlikör Aurum aus Pescara in den Abruzzen, der durch dezidiertes Orangenaroma besticht. Den gelehrten lateinischen Gold-Namen erfand 1925 der dort geborene faschistische Lyriker Gabriele D'Annunzio für seinen Lieblingslikör. Die sehenswerte einstige Produktionstätte, der in den 1920ern umgebaute Kursaal, beherbergt heute ein Kulturzentrum. Längst ist der Firmensitz in die Lombardei verlegt worden. Im Moment drängen eher campanische Limoncello-Manufakturen auf den Markt. An die drei Millionen Liter werden allein zwischen Sorrent und Amalfi jährlich produziert, was auch das Überleben der ältesten Zitronenkultur Italiens sichert. Übrigens, zwei bis drei größere Limoni genügen normalerweise für die Produktion von einem Liter Limoncello.

Pomeranzen verleihen Aperol, Chinotto-Früchte Campari das elegante Bitteraroma. Eine Idee, die immer mehr Anhänger gewinnt, ist, den Agrumengeschmack im Digestivo stärker zu betonen. Die sizilianische Firma Amara gewann 2022 mit ihrem mit Blutorangen versetzten Magenbitter die Trophäe für den weltbesten Amaro.

Italienische Agrumen punkten zusehends in der Welt der Mixology, der ausgeklügeltsten Cocktails. Es muss nicht immer die obligatorische Zitronenzeste oder Orangenschalenspirale sein. Längst haben sich italienische Pendants zu Kir durchgesetzt. Man kann genauso gut Limoncello, Chinotto- oder Bergamottenlikör mit Prosecco oder Spumante aufspritzen – Kreativität lohnt sich.

Die geballte Kombination italienischer Aromen kann man in dem apulischen Badestädtchen Polignano a Mare schlürfen, dem Geburtsort des Schlagersängers Domenico Modugno. Die Gelateria Mario Campanella wird von weit her für ihren *Caffè speciale* angesteuert. Das Mixgeheimnis des Eismagiers: kleiner rabenschwarzer Espresso, Mandellikör, Sahne und Zesten duftender heimischer Zitronen!

Zitronenhuhn oder Blutorangensalat?

In der kellerkühlen Luft
Käse-, Öl-, Limonenduft,
Trockner Fisch, Johannisbrot
Und was sonst zum Schmausen not.

Paul Heyse, »Salò« (aus: *Frühling am Gardasee*)

Minutal dulce ex citriis: Der legendäre Koch Apicius, der angeblich zur Zeit von Kaiser Tiberius den Kochlöffel schwang, bereitet ein süßsaures Frikassee aus Schweinefleisch, Lauch, Kümmel, frischem Koriander und der Fischsauce *garum*, das mit Würfelchen von gekochter Zitronatzitrone aromatisiert wird.

Nach dem fast achthundert Jahre geltenden Rezepttabu, das das frühe Christentum mit seinen Askese-Idealen durchsetzt, werden Südfrüchte in der Küche erstmals wieder im 13. Jahrhundert erwähnt. Der am Anjou-Hof in Neapel verfasste *Liber de coquina* (Buch von der Küche) kombiniert in nicht weniger als siebzehn Rezepten Fleisch mit Zitrone – eine Verbindung, die achthundert Jahre später unverändert kanonisch ist. Dabei wird das arabische Wort für Zitrone *(laïmûn)* verwendet, das im italienischen Terminus *limone* fortlebt. Bei der Kochvorschrift für *Limonia* handelt es sich um einen Hühnermandelpudding, der mit Limonensaft abgeschmeckt wird. Luxusspott spricht aus dem Rezept des pfälzischen Papstkochs Johannes von Bockenheym, der um 1430 *pro ruffianis et leccatricibus* (Schurken und Schlemmer) ein extravagantes Orangenomelett empfiehlt.

Positiver spricht sich Italiens erstes gedrucktes Kochbuch *De honesta voluptate* (Von der ehrbaren Lust) über Zitrusfrüchte aus. Sein Autor, Bartolomeo Platina (1421–1481), lobt 1474 die Pomeranzen Neapels und verrät ein simples Rezept für Zitronensalat: »Manche essen Zitronen in Scheiben geschnitten mit Salz, Öl und Essig«. Das geht auch üppiger: Der Mantuaner Giovanni Battista Vigilio (1536–1603) braucht für seine *insalata* nicht weniger als 43 Zutaten, darunter Endivien und Minze, Aal und Pökelzungen, Kapern und Rosinen und selbstverständlich Orangenblüten und Streifen von Zitronatzitronen. Die Mode schwappte über die Alpen: Der Hofdichter Massimo Troiano hat das Menu der Fürstenhochzeit des bayerischen Herzogs Wilhelm V. mit Renata von Lothringen überliefert – die das Gros der Münchentouristen schon in Form des Glockenspiels am Rathaus fotografiert haben dürfte. Die Gäste schmausten 1568 unter anderem neapolitanische Mandelsulz, geräucherte Renken in Orangensaft, gebackene Zickleinköpfe sowie jeweils vierzig Schüsseln Kräutersalat mit Zitronatzitronen und Pfauenfleisch mit Pomeranzen und rotem Essig.

Apart ist die Idee des Mailänder Erzbischofs Ippolito d'Este, Zitronatzitronen in Form der Initialen und Wappen der Gäste zurechtzuschnitzen. Bartolomeo Stefani, Hofkoch des Herzogs von Mantua, beschreibt 1662 in seiner *Arte di ben cucinare* (Die Kunst gut zu kochen), wie er das Festbankett für Königin Christina von Schweden ausrichtete. Die zum Katholizismus übergetretene Tochter Gustav Adolfs durfte sich auf ihrem Italienzug an einem Olymp aus Zuckerwerk delektieren und aus süßer Gelatine gefertigte Blätter und Früchte von echten Orangenbäumchen pflücken. Bevor die Franzosen ihre auf Bouillons basierenden Saucen einführten, dominierten Fruchtdips zum Fleisch. Stefani empfiehlt eine kalte *Salsa di succo di limone* aus gemörserten Zitronatzitronenblüten, Zitronensaft, Zucker und Zimtpulver zu geröstetem Geflügel.

Eine Fundgrube für die Agrumenvielfalt der süditalienischen Küche ist Giovanni Battista Criscis 1634 in Neapel gedruckte, selten zitierte *Lucerna de Corteggiani*. Hier finden sich regionale Ideen, die auch heute wieder Staunen erregen würden: Büffelzungen werden mit Zitronen garniert und dazu mit Rosenwasser und Zucker verknetete Ziegen-Ricotta gereicht.

Unverzichtbar für Rezeptforscher sind die Kochbücher des makrobiotischen Neapolitaners Vincenzo Corrado, der es auf stolze hundert Lebensjahre brachte. Der *cuoco galante*, einer der Pioniere der pythagoräischen, heute würde man sagen vegetarischen Kost, veröffentlichte 1787 eine *Fisiologia degli agrumi* mit zahllosen Anbau- und Zubereitungstipps.

Im 19. Jahrhundert wurden Agrumen für breitere Schichten erschwinglicher. Das Anwendungsspektrum verengte sich zunehmend von pikant auf Süßspeisen und Pasticceria. So beschrieb der bürgerliche Kochbuchklassiker Pellegrino Artusi 1891 detailliert, wie man Orangenmarmelade einmacht. Der inneritalienische Handel versorgte nun den Norden mit Ware, die von der dortigen Industrie verarbeitet wurde. Der einfachste aller süditalienischen Klassiker wird bis heute zu gegrilltem Fisch gereicht: Salmoriglio ist ein Dip aus Zitronensaft, Olivenöl und variablen Zutaten wie Knoblauch, Origano, Petersilie oder Kapern.

Spätestens ab der Jahrtausendwende wird das kulinarische Erbe differenzierter wahrgenommen, das Italiens Zitrusfrüchte darstellen. Nicht nur in der regelrechten Flut an neuerscheinenden Amalfikochbüchern mit Zitronencover werden Zitrusfrüchte als unverzichtbare Geschmacksträger der *dieta mediterranea* gefeiert. Historische Rezepte wie mit Zitronat gefüllte Feigen, neapolitanische Pastiera mit Orangenblütenöl oder die mit Pomeranzenschalen gespickte Sülze von schwarzen sizilianischen Schweinen werden wiederentdeckt. Baba-Biskuit schwimmt immer häufiger in Limoncello statt in Rum. Lokale Pasticcerie in Kalabrien oder Sizilien kandieren Zitronatzitronen, Mandarinen oder grüne Streifen von Bergamotten und tauchen sie in Zartbitterschokolade. Hersteller von Oster- und Weihnachtsgebäck wie Panettone oder Colomba werben von Mailand und Verona bis Palermo mit der Qualität des darin verbackenen Orangeats. Tartufi getaufte Eisbomben werden um Schichten feinsäuerlicher Pomeranzenkonfitüre angereichert. Die Schokoladenmanufakturen Turins und im barocken Modica setzen zur Verfeinerung Blutorangen- oder Amalfizitronenaroma ein.

Mit duftenden Zesten überschneiter Risotto al limone gehört ebenso wie Tagliatelle mit aufmontiertem Zitronensugo zum Standard von Trattorien und gehobenen Ristoranti. Fische werden nicht nur mit Saft besprenkelt, sondern auch in leichten Agrumensaucen mariniert. Einer der prominentesten Exponenten dieser duftigen Aromenküche ist Massimo Bottura in Modena. Der Tabubrecher, dessen Osteria Francescana zweimal zum weltbesten Restaurant gekrönt wurde, brilliert mit dem Kontrast von süßem Krustentierfleisch zur Säure frischer Zitrusfrüchte und tischt Gerichte wie *sgombro in gelatina e brodo di agrumi* (Makrelengelee in Agrumensud) auf.

Il Viaggio
Die Reise

Die Früchte des Nordens
Limonaie am Gardasee

Die gantze Gegend dieses Gard–Sees [!] [ist] ein recht irdisches Paradeiß [...] woselbst die Citronat=Citronen= und Pomerantzen=Bäume samt andern delicaten Früchten in grosser Menge wachsen.

Johann Christoph Volkamer (1708)

Lago di Garda – ein Lieblingsziel schnell zu befriedigender Südsehnsucht. Heute steht bei sonnenhungrigen Nordländern eher Beach, Bardolino und Bötchenfahren im Vordergrund.

Doch wer in früheren Jahrhunderten den langen Anweg über das Etschtal nahm, nach tagelangen Kutschfahrten oder noch längeren Fußmärschen den zwischen Alpengipfeln eingeschmiegten blauen See erblickte, der war hingerissen von der mediterranen Vegetation, von den hesperischen Düften und Farben:

Limone! ... Plötzlich eine blühende, leuchtende Fruchtbarkeit. Terrassen, hängenden Gärten ähnlich, Zitronenpflanzungen unter langen Galerien, eine über der anderen an den Felsen gelehnt, mit hohen, schlanken Pfeilern, die die Schutzdächer tragen, gleich feierlichen Tempelhallen aufsteigend, als wäre ringsum alles Land heiliger Hain.

So schwärmt der Romancier Richard Voß in seinen 1910 postum erschienen Reiseerinnerungen *Du mein Italien*. Individuell tief empfunden und gleichzeitig literarischer Topos: Seit der Renaissance erwähnte kaum ein Italientourist nicht das Staunen angesichts der »Wälder« und »Dickichte« von Zitrusfrüchten, der Aromen der Blüten, der immergrünen Blätter als Symbole ewigen Frühlings. Obwohl die Sprachgrenze zum Deutschen weit nördlicher bei der Salurner Klause liegt: Für viele begann Italien mit dem Gardasee und seinen Zitronen erst wirklich. Ausgangspunkt der ersten, der nördlichsten Pflichtetappe der Grand Tour war ein Meer von Zitrusfrüchten!

Auch Italiener verfielen der Agrumenmagie des Sees. Die noble, von Zypressen umstandene Villa San Vigilio, auf einer Landzunge zwischen Torri del Benaco und Garda gelegen, wurde 1540 von dem Veroneser Humanisten Agostino Brenzone erbaut. Natürlich gehörte zu ihr ein von hohen Mauern geschützter Zitronenhain. 1844 pries der Trentiner Ignazio Puecher-Passavalli den Lago di Garda in romantischer Stimmung:

All die Schönheiten der Natur sind hier ausgebreitet: [...] Gärten mit Zitrusfrüchten, das Wasser, die Lüfte, das Licht, die tausend Düfte, die Heiterkeit des Himmels, das Lächeln der Gestade [...] sie entzünden dermaßen die Fantasie, so dass wir uns fast in einem dieser berühmten Zaubergärten wähnen, über die wir so viele schöne Erzählungen als Knaben gehört haben.

Ex oriente citrus? Das könnte für den Gardasee gelten. Der älteste Beweis für das Vorkommen befindet sich im Kreuzgang des ehemaligen Franziskanerklosters in Gargnano am lombardischen Westufer. Ein Säulenkapitell des 13. Jahrhunderts zeigt eine Zitrusfrucht neben einem Fisch – dieses gemeißelte Rezept ist eine kulinarhistorische Sensation, belegt es doch schon für das Mittelalter eine noch heute

gültige Kombination. Gut möglich, dass die Mönche Limonensamen aus dem Heiligen Land mitbrachten. Schließlich betrieb der Franziskanerorden seit den Kreuzzügen intensive Missions- und Betreuungsarbeit an den Stätten der Terra Santa.

Für den Antiquar Felice Feliciano ist 1464 die Riviera Gardesana einbalsamiert vom Duft der *cedri*, der Zitronatzitronen, die auch als Zierpflanzen gezogen wurden. Erste Früchte fanden damals den Weg zu uns, wie aus frühen Erwähnungen in deutschen Rezeptbüchern hervorgeht. Limonihändler und Buckelkrämer trugen die gelbe Ware zu Fuß über die Alpen, um sie in Reichsstädten wie Nürnberg oder Augsburg zu verkaufen. Mit Gespannen oder auf Maultieren transportierte Zitronenkisten wurden mit Büscheln von Lorbeerblättern ausgestopft.

Zentral war spätestens ab dem 17. Jahrhundert die Versorgung Venedigs mit Zitrusfrüchten – das venetische und lombardische Seeufer bis hinauf nach Limone gehörte bis 1797, dem Ende der Seerepublik, zum Besitz der Serenissima. Gewächshäuser entlang des Brentakanals und Importe von den griechischen Inseln konnten nur zum kleinen Teil den Bedarf der Lagunenstadt abdecken.

In diese Frühphase fällt die Erfindung und Konstruktion der Limonaia. *Architettura bioclimatica* – eine Mischung aus steinernem Skelett und mobilen hölzernen Abdeckungen und Verschalungen, die auf die Launen der Witterung reagiert. Anders als in Gewächshäusern sind die Agrumen in die Erde gepflanzt, die teilweise per Boot vom Veroneser Ufer herübergeschifft werden musste. Hohe Seitenmauern und die nächsthöhere Terrasse schützen sie vor Winden. Im Winter werden die Früchte durch ein kompliziertes System von Holzläden, winzigen Glasfenstern und Dachsparren, die auf bis zu zwölf Meter hohe Pfeiler gelegt werden, vor grimmiger Kälte abgeschirmt. An lauen Tagen wird gelüftet, so dass die Pflanzen weiterreifen können und durch die Ventilation gegen Fäulnis und Schimmelbefall gefeit sind.

Die Limonaia ist eine arbeitsaufwändige luftdurchlässige Konstruktion, die die Vorteile von Bodenpflanzung mit den Schutzfunktionen eines Gewächshauses vereint. Als ab dem 17. Jahrhundert größere holländische Glasfenster in Orangerien eingebaut wurden, blieb am Gardasee trotzdem das scheinbar altmodische System erhalten, und das bis in die heutigen Tage, wohl auch, weil es flexiblere Belüftungsmöglichkeiten bietet.

Goethe beschrieb 1786 in seiner *Italienischen Reise* die Limonaie:

Wir fuhren bei Limona vorbei, dessen Berggärten, terrassenweise angelegt und mit Zitronenbäumen bepflanzt, ein reiches und reinliches Ansehen geben. Der ganze Garten besteht aus Reihen von weißen viereckigen Pfeilern, die in einer gewissen Entfernung von einander stehen, und stufenweis den Berg hinaufrücken. Über diese Pfeiler sind starke Stangen gelegt, um im Winter die dazwischen gepflanzten Bäume zu decken.

Das Ende der Markusrepublik und die österreichische Herrschaft nach dem napoleonischen Intermezzo bedeuteten für die Zitronenbauern einen gewaltigen wirtschaftlichen Aufschwung. Jetzt konnten die Früchte zollfrei in entlegene Städte wie Lemberg oder Krakau geliefert werden, ganz zu schweigen von k.-u.-k.-Kapitalen wie Wien oder Budapest. Eine Folge war die Gründung der Società Lago di Garda 1840, die auch Kleinbauern umfasste. In ihren Glanzzeiten betrieb die Genossenschaft Kontore in Russland, England und Skandinavien – Gardaseelimonen dominierten den europäischen Binnenhandel. Sortiert, eingewickelt und verpackt wurden sie von Frauen und Kindern in einer Lagerhalle beim Franziskanerkloster von Gargnano, dann auf Booten zu Transporteuren in Desenzano und Torbole gebracht.

1846 behauptet der patriotische Arzt und Dichter Lorenzo Ercoliani: »Die Zitronen der Riviera von Salò übertreffen an Qualität alle anderen Zitronen Italiens, und deswegen sind sie sehr stark nachgefragt und höher bezahlt als andere.« 1852 melden die Bücher eine Rekordernte von 9,7 Millionen Früchten. Auf geschätzten fünfzig Hektar eines Terrains, das kaum anders landwirtschaftlich genutzt werden konnte, wurden etwa 35 000 Bäume gehegt.

Das Ende des Booms kam schneller als gedacht. Ein Problem überlagerte das andere. Ökonomisch verheerend war 1860 der Anschluss an das Königreich Italien. Plötzlich fielen hohe Schutzzölle für die Lieferung in die Habsburger Monarchie an, außerdem war man nun der inneritalienischen Konkurrenz ausgesetzt. Mit dem Ausbau der Eisenbahnverbindungen und dem Aufkommen schnellerer Dampfschiffe wurde die Marktdominanz süditalienischer Agrumen übermächtig – in Sizilien waren die Lohnkosten weit geringer, auch die Plackerei mit dem Auf- und Abbau der Limonaie konnte man sich dort ersparen. Die Società verlegte sich immer mehr auf das einträglichere Pressen von Lorbeeröl und Oliven. Dazu kam ab 1855 die Gommosi, eine Pilzkrankheit, die viele Bäume befallen hatte. Die Erfindung synthetischer Zitronensäure um 1890 ließ die Nachfrage weiter sinken. Als schließlich nur wenige Pflanzen die strammen Frostwinter 1905, 1929 und 1985 überlebten, wurden die meisten Limonaie aufgegeben. Oft war das Holz der Deckenbalken und Fenster bereits im Ersten Weltkrieg zum Bau von Unterständen konfisziert oder schlichtweg verbrannt worden. Heute ragen die tragenden Steinpfeiler in Limone oder Gargnano gespenstisch gegen die grauen Kalksteinwände der Küstengebirge – *grattacieli del Garda*, Wolkenkratzer des Garda nennt der Volksmund die rätselhaften Ruinen einer blühenden Landwirtschaft. Manche Limonaia ist in eine Designervilla mit verglasten

Loggien verwandelt worden. Der laterale Casello-Turm, in dem einst etagenweise die Werkzeuge und nummerierten Hölzer gelagert wurden, reizt die Architekten.

Eine eindrucksvolle Schilderung einer intakten Limonaia liefert D. H. Lawrence, der mit seiner späteren Frau Frieda von Richthofen-Weekley den Winter 1912/13 am Lago di Garda verbrachte und zum ersten Mal in das italienische Leben eintauchte. Der Bergmannssohn bewunderte die Geschicklichkeit und Balanceakte der Arbeiter, die in schwindelnder Höhe die Dachlatten festnagelten und dabei noch sangen. Er beschreibt, wie an einem strahlenden Wintermorgen knarzend die ersten Luken geöffnet wurden und er in das kalte Innere eintauchte, wo im fahlen Dunkel die Gewächse wie Gespenster wirkten.

Zwischen den Zitronenbäumen wuchsen kleine Orangenbäume am Weg, und sie waren behangen mit Dutzenden von Orangen – glühende Kohlen in diesem Zwielicht. Als ich meine Hände an ihnen wärmte, brach der Signore Zweig um Zweig, bis ich einen ganzen Strauß von diesen zwischen dem dunklen Laub aufglühenden Orangen in meinen Händen halte. Und während ich so den Hades des Zitronen-Hauses durchforsche, erinnern mich die vielen rötlichen, dicht angesetzten Orangen neben dem Pfad an die Lichter des Dorfes am nächtlichen Seeufer, während über mir die Zitronen blaß wie die Sterne wirken. Ich spüre den zarten, köstlichen Duft von Zitronenblüten. Und plötzlich sehe ich eine Limone, schwer und geschwellt hängt sie an einem Bäumchen und ist eine dunkelgrüne Ungeheuerlichkeit. Über mir hängen versteckt große Lasten von Zitronen, und neben dem Weg ein Schwarm der rötlichen Orangen, und hier und da eine dicke Limone. Man fühlt sich fast wie in einer Unterwasserwelt.

Lawrence stieß schon auf aufgegebene Limonaie, deren nackte Pfeiler *like ruins of temples* aus dem Grün aufragten. Er erfuhr, dass Gardaseelimonen doppelt so viel kosteten wie süditalienische und prophezeite, dass sich der Gardasee den Anbau von Zitronen wohl bald nicht mehr leisten könne.

Er sollte recht behalten. Hundert Jahre später, um die Jahrtausendwende, war es praktisch unmöglich, in der gardesanischen Gastronomie oder im Lebensmittelhandel lokale Zitrusfrüchte zu erhalten. In den letzten Jahren hat ein vorsichtiges Umdenken eingesetzt, erkennen Bügermeisterinnen und Fremdenverkehrsämter, dass die einzigartige Architektur der Limonaie nicht nur ein agrarisches Kulturerbe darstellt, sondern auch eine touristische Alternative zum Wasser bietet. Und dass echte *limoni del Garda* hohes gastronomisches Potential haben. Die Gemeinde Limone hat die verfallende Limonaia del Castèl aus dem 18. Jahrhundert restauriert und darin 2004 ein labyrinthisches Museum mit Schautafeln und Zitrusbäumen eröffnet. Seit 2011 ist auch das Ökomuseum Prà de la Fam an der Uferstraße in den Sommermonaten geöffnet.

Eine besonders geflegte Limonaia namens Malora liegt in Gargnano. Fabio Bonadossi hat sie von seinem Vater aus Brescia übernommen, der sie gekauft und sich die Rettung einer der letzten funktionierenden Limonaie zur Lebensaufgabe gemacht hatte. Im Rahmen des Projekts *fattoria didattica* erklärt Fabio Schulkindern und Erwachsenen die komplizierte Arbeit eines Zitronenbauern. Es ist aufregend, mit ihm von Terrasse zu Terrasse herumzuklettern, den Duft der Limonen zu inhalieren, auf den Casello-Turm zu steigen, sich das Bewässerungssystem steiler Bergbachrinnen und Tuffröhren zeigen zu lassen und zu hören, wie früher mit abgelagertem Pferdemist gedüngt und wie oft gejätet wurde.

Dass trotz des enormen Aufwands und all der Mühen gerade der Gardasee Europas nördlichstes Anbaugebiet für Zitrusfrüchte wurde, liegt an klimatischen Faktoren. Von der Poebene wird warme Luft nordwärts in den schlauchartigen Seekessel gedrückt. Die Berge verhindern das Ausweichen der Luftströme, so dass sie erst im Norden des Sees nach oben steigen. Deswegen sind die Bedingungen in Limone und Gargnano, die beide an südwärts gewendeten Buchten liegen, am besten. Zugleich schützen die wasserreichen Bergwände die Früchte, und das Wärmereservoir des Sees sorgt für relativ ausgeglichene milde

Wintertemperaturen. Am lombardischen Westufer stehen mehr Limonaie als am venetischen Ostufer, da die Sonne im Osten aufgeht und die Bäume früher am Morgen die notwendige Wärme der Sonne genießen können. Dieser klimatischen Situation ist ein Weltrekord zu verdanken: Gardasee-Zitronen können bis zu sechshundert Meter über Meereshöhe angebaut werden.

Angesichts solcher Extrembedingungen ist der beschriebene effektive Schutz vor Winterfrösten unerlässlich. *A Santa Caterina stupina, stupina* heißt es im lokalen Dialekt. Gemäß dieser Zitronenbauernregel müssen spätestens bis zum Katharinentag am 25. November alle Lücken im Gebälk und zwischen den Steinen sorgfältig mit Stroh verstopft werden – eine Heidenarbeit. Am Eingang jeder Terrasse steht eine steinerne Wasserschüssel. Ein Naturthermometer. Ist das Wasser angefroren, muss dringend etwas unternommen werden. Dann werden drinnen Feuer aus Olivenästen entfacht, es kann ziemlich rauchig und dunkel werden in der Limonaia.

Beim Bau der Limonaie werden unterschiedliche Hölzer verwendet: Lärche für die riesigen Fensterläden, Kastanie für die Dachbalken (*sparadossi*), für die schiefe Abdeckung Latten aus Trentiner Tanne. Der Aufbau beginnt Mitte Oktober und braucht seine Zeit. Jedes Teil, jeder Holzriegel ist durchnummeriert. Alles wird ohne Nägel zusammengefügt. Geniale Zimmermannsarbeit.

Der Abbau der Abdeckungen beginnt, sobald die Maulbeerblätter austreiben. Die Ernte ist nur mit der Hand möglich, die Bäume schießen auf den engen Terrassen ziemlich in die Höhe. Im Durchschnitt trägt ein Baum vierhundert bis sechshundert Limonen pro Ernte, zwei Ernten pro Jahr sind üblich.

Fabio Bonadossi erläutert auch, warum sie so besonders sind, die Gardasee-Limonen: Es sind die *aromatica fragranza*, der Wohlgeruch des Saftes und der Schale, ihre Eigenschaft, länger frisch zu bleiben, die Zartheit des leuchtenden Äußeren und die perfekte Rundung ihrer Form. Das gilt besonders für die autochthone zartschalige Sorte Madernina, die nach dem Ort Toscolano-Maderno benannt ist und deren Bäume immer noch prächtig tragen, selbst wenn sie hundert Jahre alt sind.

Trotzdem: Finanziell ist heute eine Limonaia eher ein Zuschussgeschäft. Bei einem Preis von etwa drei Euro pro Kilogramm kann man kaum Helfer bezahlen. Wer heute noch oder wieder eine Limonaia betreibt, muss das aus Enthusiasmus und gärtnerischer Berufung tun. Etwas Geld lässt sich durch Verkauf von Marmeladen und Likören verdienen. Limoncello, der hier Limoncino heißt, hat anders als in Amalfi kaum Tradition, da die Zitronen eher für den Export kultiviert wurden.

Für neugierige Zitrusfreunde hat die Gemeinde von Gargnano einen *sentiero delle limonaie* ausgewiesen, einen leichten Wanderweg, auf dem man parallel zur Küste an teilweise in Gärten verwandelten Zitronenhäusern vorbeikommt. Und im hübschen Ortskern verkauft der Bäckerladen selbstfabrizierte Limonenmarmelade.

Im eleganten Hafenort Salò, wo kurzzeitig der Sitz der italienischen Marionettenregierung der Repubblica di Salò war, findet sich eine der ältesten Limonadenfabriken Italiens. Cedral Tassoni wurde 1793 als Spezerei gegründet. In den 1950er Jahren brachte sie ihren aufgespritzten Agrumensirup in Glasfläschchen mit aufgerauter Oberfläche auf den Markt, die durch TV-Spots zu Designklassikern arrivierten. Verwendet wurden die seltenen Zitronatzitronen, deren Essenzen aus der Schale der knallgelb eingefärbten *Cedrata* den leicht bittersüßen Geschmack verleihen. Heute werden die Früchte meist aus dem kalabresischen Diamante zugekauft. Anlaufstelle für Vintage-Liebhaber ist die modern-nostalgische Tassoni-Bar in der Via San Carlo, wo der Barmann individuelle Agrumencocktails mixt.

Tagliolini al limone

400 g dünne Eier-Tagliolini
2 Gardasee-Zitronen
Zitronenblätter
100 g Kochsahne
50 g Butter
Salz/Mühlenpfeffer
Parmesan oder Bagoss-Käse
Basilikum

Die Pasta in Salzwasser mit den Zitronenblättern al dente kochen. Abtropfen lassen und in eine große Pfanne geben (dabei etwas Kochwasser aufbewahren!). Die Nudeln mit der Sahne, der Butter, dem Saft von einer Zitrone und den Zesten von beiden Zitronen sowie geriebenem Käse verrühren, eventuell etwas Kochwasser zugeben, kurz anwärmen, nach Belieben pfeffern, mit gezupften Basilikumblättern bestreuen und servieren.

Ein Paradegericht der schnellen *cucina povera*, das es vom Gardasse bis Amalfi in mancherlei Varianten gibt. Im Süden werden statt der eher alpinen Sahne und Bauernbutter Olivenöl, Peperoni, Knoblauch, Petersilie und eventuell geröstete Pinienkerne mit dem Zitronensaft vermischt.

Chinotto
Bittergrünes aus Ligurien

Piccolo grande agrume
Werbetext Profumeria Abaton

Für die Provinzhauptstadt Savona stoppen Rivieratouristen eher selten. Gut, es gäbe hier die Festung Priamar mit ihren ambitionierten Sammlungen moderner Kunst und sogar eine Cappella Sistina wie in Rom. Denn das Adelsgeschlecht der Della Rovere, das mit Sixtus IV. (Pontifikat 1471–1484) und dem Raffaelförderer Julius II. (Pontifikat 1503–1513) zwei bedeutende Renaissancepäpste gestellt hat, stammt aus Ligurien. Aber die meisten nehmen den ausgedehnten Containerhafen wahr, in dem in Turin oder Mailand fabrizierte Fiats auf die Verschiffung Richtung Süden warten, und fahren weiter.

Was verpassen sie? Im Gegensatz zu den Badedestinationen der Riviera di Ponente ein untouristisches Klein-Genua mit stattlicher Bausubstanz des 19. Jahrhunderts, hübschen Fußgängerzonen und auffallend hochwertigen Modeboutiquen. Und einen kulinarischen Ritus, der jener Epoche anzugehören scheint, in der Damen noch in großer Garderobe mit Sonnenschirm oder Fächer Gran

Caffès aufsuchten, um stilsicher eine elegante Kleinigkeit zu naschen.

In der Bar Besio dal 1860 an der Piazza Goffredo Mameli, nach dem Dichter der italienischen Nationalhymne benannt, lassen sich Savonas Schleckermäuler eine golfballgroße, leicht bittere Zitrusfrucht servieren, eingelegt in Maraschino, einem dalmatinischen Kirschlikör. Chinotto heißt die seltene Delikatesse, was an Chinin denken lässt. Doch dürfte sich die Bezeichnung der myrtenblättrigen Bitterorangenart auf die angebliche Herkunft aus China beziehen, die den Früchten eine exotische Aura verleiht. Italiener aller Generationen kennen den Namen von der braunen Chinottobrause, die seit den 1930er und 40er Jahren als billiger Cola-Ersatz auf den Markt kam.

Wieso ausgerechnet Savona? Um das herauszukriegen, fährt man am besten ins nahe Finale Ligure, nicht an den ausgedehnten Sandstrand voller bunter Sonnenschirme, sondern hoch in den mittelalterlichen Ortsteil Finalborgo. Außerhalb der Stadtmauern betreibt im idyllischen Talgrund des Aquilabaches Familie Parodi die größte Chinottopflanzung weit und breit. Wobei »groß« relativ ist. Denn erstens sind Chinottobäumchen kaum mannshoch und zweitens scheinen winzige Dosen von Essenz zu genügen, um den wieder in Mode gekommenen Limonaden Chinotto-Aroma zu verleihen. Kurzum, es sind gerade einmal zwei Hektar, die der pensionierte Flugzeugingenieur Alessandro und seine Gattin, Professorin für antike Sprachen, betreuen, um ein einzigartiges pomologisches Erbe vor dem Verschwinden zu bewahren. Der Direktverkauf ist ein Geheimtipp der Einheimischen. Im Eingangsschuppen wird neben frisch geernteten Früchten und Gemüsesorten auch köstliche feinbittere grüne Chinottomarmelade angeboten. Eine kleine Weltpremiere ist Chin'Oro, lokales Taggiasca-Olivenöl, aromatisiert mit Chinottosaft: Es muss nicht immer *olio al limone* sein.

Selten erlebt man Botanikgeschichte und Gegenwart in dieser räumlichen Verdichtung. Am gegenüberliegenden Flussufer erhebt sich das Landhaus von Giorgio Gallesio (1772–1839). Der in Finalborgo geborene Politiker schuf mit seinem 1811 in Paris veröffentlichten *Traité du citrus* ein bahnbrechendes, bis heute konsultiertes Standardwerk. Als Pionier beschreibt er die endemischen lokalen Zwergbitterorangen, die er *bigaradier chinois* nennt. »Das ist eine der gefälligsten Sorten für den Schmuck von Gemächern und Gärten, wegen der Zierlichkeit all ihrer Teile. Ihre Frucht lässt sich vorzüglich einlegen. Man baut sie überall in Ligurien an.«

Die dekorativen Bäumchen mit ihren spitzen, myrtenartigen Blättern und der überbordenden Pracht ihrer weißen Blüten galten früher als Inbegriff adliger Selbstdarstellung und demonstrativen Reichtums. Man hatte es eben nicht nötig, Zitrusfrüchte zu ziehen, die zu etwas anderem als ästhetischem Vergnügen dienten. Palazzi und Villen von Nizza bis Genua schmückten sich mit den smaragdfarbenen »Bonsai-Agrumen« oder »Damenäpfelchen« (pomin di dama).

Die große Stunde der kleinen Früchte schlug mit der Skorbutbekämpfung. Die Royal Navy erkannte bald, dass die anfängliche Versorgung der Matrosen mit Zitrussirup relativ wirkungslos war – heute weiß man, dass sich in der erhitzten Zuckerlösung die Vitamine weitgehend verflüchtigen. Frische Früchte monatelang in feuchten Schiffsrümpfen zu transportieren war wegen drohenden Schimmelbefalls riskant und teuer. Da boten sich als Lösung in Meerwasser eingesalzene und konservierte Agrumen an, die ihre Heilwirkung weitgehend behalten. Die Vitamin-C-reiche Chinottofrucht hatte genau das winzige Gardemaß, um als Tagesration an die Matrosen ausgegeben zu werden. So wurde aus der Zierfrucht, die unverarbeitet ungenießbar ist, ein begehrter Exportartikel, der in Holzbottichen verschifft wurde. Immer mehr Bauern setzten auf den Anbau, dessen Ertrag nach Stückzahl bezahlt wurde. Auslöser für den Chinottoboom im 19. Jahrhundert war die Präsenz von Briten in Genua und der Riviera als Schiffsmakler und Nobeltouristen. Erst als dieser Handelszweig in den 1930er Jahren wegbrach und die Erzeugerpreise abrupt verfielen, begann man über andere Verwertungsmöglichkeiten nachzudenken. Doch die Mode der Chinotto-Erfrischungsgetränke war nicht von Dauer. Die *coca dei poveri*, die Cola der Armen, wurde zunehmend durch das billiger werdende amerikanische Original verdrängt. Außerdem wurde immer seltener echter ligurischer Chinotto verwendet. Dem *gelo siberiano*, dem Einbruch »sibirischer Kälte« von 1956, fielen ungezählte Pflanzen zum Opfer. Der touristische Flächenfraß reduzierte die ohnehin knappen landwirtschaftlichen Anbaumöglichkeiten in der zerklüfteten Küstenregion, der Preisverfall tat ein Übriges: Die Chinottobitterorange wurde zum Nischenprodukt, das nur noch eine Handvoll Idealisten anpflanzten.

Rettung im letzten Augenblick kam durch zwei Initiativen. Der Verein Slow Food, der sich für den Erhalt regionaler Biodiversität einsetzt, nahm Chinotto di Savona in die Arche des Geschmacks auf und gründete mit den Produzenten ein Schutz-Presidio. Dadurch wurde die (inter-)nationale Aufmerksamkeit der kulinarischen Szene auf die zwischen Finale Ligure und Varazze gedeihende Zitrusvariante gelenkt. Die milden und bis dreihundert Meter Seehöhe meist frostfreien Winter locken nicht nur sonnenhungrige Touristen, sondern tun auch den Bäumchen gut, die Ende September bis Dezember abgeerntet werden. Die dabei relativ kühle Durchschnittstemperatur verleiht den Früchten ihr spezifisches Aroma. Hilfreich ist im Sommer der kühlende Wasserreichtum der tiefeingeschnittenen Flusstäler. Denn die Pflänzchen sind launisch und empfindlich. Zu viel Sonne, zu viel Hitze oder heftige Temperaturschwankungen verursachen das Abfallen der Blüten; ligurische Bäumchen lassen sich darum auch nicht nach Sizilien verpflanzen. Zwar gedeihen preisgünstigere sizilianische Chinotti im Küstenumland von Taormina, die, wie kolportiert wird, vor allem dem Brause-Klassiker von San Pellegrino Aromen verleihen, doch bringt die sizilianische Ernte im Gegensatz zur ligurischen kernreiche und schwerer zu kandierende Früchte hervor.

Der zweite Anstoß kam aus Cuneo im Piemont. Die Limonadenfirma Lurisia produzierte naturreine Zitronenblütenlimonade, Orangeade aus sizilianischen Blutorangen oder eben garantiertem Chinotto di Savona. Mit solchem Erfolg, dass Coca-Cola sich 2019 die Rechte an dem Unternehmen sicherte. Dank des geringen Angebots sind die Chinottobauern in einer optimalen Verhandlungsposition. Auch wenn die Ernteerträge sehr unterschiedlich ausfallen und es zehn lange Jahre dauern kann, bis ein Chinottobäumchen Früchte trägt. Außerdem ist Lurisia nicht der einzige potentielle Abnehmer – das Bouquet von Campari beruht teils auf den eleganten Bitternoten von Chinotto. Und die lokalen Köche und Eismacher sind ebenfalls auf den Trend aufgesprungen. Gelaterie in Badeorten wie Noli, Alassio oder Albisola werben mit *sorbetto* oder *semifreddo al chinotto*. Ristoranti beträufeln Zahnbrassen- oder Doradenfilets mit aromatisiertem Chinottoöl, sogar die Sachertorte wird mit Chinotto- statt Marillenmarmelade gefüllt.

Savona war nicht nur der Umschlagplatz und Fährhafen, von dem aus die Produkte der gleichnamigen Provinz nach England und in die Welt geschickt wurden; es ist seit über 160 Jahren auch Sitz der Kandiermanufaktur Besio, die eine Fülle an Chinottoprodukten vertreibt – neben den Maraschinofrüchten Sirup, Konfitüren, Liköre und Senfmostarda. Die Stadtverwaltung hat sich mittlerweile ebenfalls auf dieses pomologische Erbe besonnen und auf dem Dachgarten der Festung Priamar einen zierlichen Chinottobaum aufgestellt. Wer die grüne Frucht auf der Haut spüren will, könnte die kleine Boutique von Marco Abaton in der Via Manzoni aufsuchen, vor der ein Bäumchen dem Verkehr trotzt. Aus dem 1980 gegründeten Familienunternehmen hat sich eine italienweit operierende Parfümeriekette entwickelt. Als USP, als Unique Selling Point, bietet sie eine exklusive Hespéridés-Kollektion auf Basis von Chinottoblättern und Chinottoblüten an. Motto: *Un profumo che parla di Savona*. Ein Parfum, das von Savona erzählt.

Chinotto

0,5 l Mineralwasser
40 ml Chinottosirup
60 ml Espresso
30 g Rohrzucker
2 Orangen
1 Zitrone

Die Zitrone und die Orangen auspressen. Einen Espresso doppio lungo aufbrühen und den Zucker darin lösen. In eine Literflasche schütten, den Sirup dazugießen, schütteln und erkalten lassen. Zitronen- und Orangensaft dazugeben und schütteln. Das Mineralwasser dazuschütten und erneut schütteln. Im Kühlschrank abkühlen lassen und kalt servieren.

Klassischer Erfrischungsdrink, der gerade eine Renaissance erlebt.

Or Jaune
Das gelbe Gold von Menton

La terre est bleue comme une orange

Paul Éluard (1895–1952)

Es begann in Monaco mit Alain Ducasse. Oder besser gesagt, es begann wieder mit Alain Ducasse.

1987 übernahm der junge Gascogner das Restaurant Louis XV gegenüber dem Casino des Zwergstaats. Sein ehrgeiziges Ziel: mit dezidiert mediterraner Küche trois Étoiles, drei Michelin-Sterne, zu erkochen und damit dem Dogma von der Überlegenheit der pariserisch-nordfranzösischen Crème-Fraîche-Cognac-Küche zu trotzen. Zur Erinnerung: Es waren die Jahre, in denen der frankophile deutsche Gastronomiekritikpapst Wolfram Siebeck gegen ein provençalisches Kochbuch polemisierte: über Bauernrezepte mit Olivenöl, Tomaten und Knoblauch lohne es nicht zu schreiben!

Ducasse reüssierte, 1990 erhielt er den dritten Stern. Seine Methode: Eine gründliche Produktrecherche an der französischen Riviera und der Côte d'Azur, welche die kulinarhistorischen Verknüpfungen zu Ligurien miteinbezog.

Schließlich gehörte die Grafschaft Nizza 1815–1860 zum Königreich Sardinien-Piemont und damit zu Italien. Erst danach wurde aus dem Grenzort Mentone endgültig Menton.

Genau hier stieß Ducasse auf eine regionale Frucht, die einst weltberühmt gewesen war und zudem noch einen Bezug zu Monaco aufwies. *Le citron de Menton*!

Das sich in eine geschützte Bucht zwischen Cap Martin und den Balzi Rossi schmiegende Hafenstädtchen bietet ideale Bedingungen für eine der nördlichsten Agrumenkulturen Europas. Die Wärme von *petite Afrique* mit 316 Sonnentagen und milden, praktisch frostfreien Wintern ermöglicht Freiluftanbau. Das Meer sorgt für Temperaturstabilität, also sanfte Winter und gemilderte Sommerglut. Entscheidender ist die Doppelfunktion der Küstengebirge als reflektierender Wärmespeicher und als Barriere gegen nördliche Fallwinde aus den Seealpen. Hilfreich ist der Wasser- und Bäche-Reichtum des Bévéra-Tals. Pferdefuß: die Schroffheit und Enge des Terrains – der Roc de l'Orméa, der 1132 Meter über dem Meeresspiegel aufragt, gilt als steilster Küstengipfel Europas.

Heute erfreut den Teilnehmer einer Führung durch terrassierte Zitronenhaine der Postkartenblick auf Mentons Kathedralshügel. Aber Citrons de Menton verlangen Knochenarbeit, *agrumiculture héroïque*, um einen Begriff aus dem Steillagenweinbau zu zitieren. Leidtragende waren oft die Frauen. Die volkstümlich gekleidete *Limonnaise* oder *Mentonnaise*, die barfuß wiegenden Schrittes auf steilen Pfaden schwere Weidenkörbe voller Zitronen ins Tal balancierte, wurde zum Plakat- und Werbemotiv, das Pariser und britische Touristen gleichermaßen ansprach. Die Höchstzahl von zweihundert Zitronen war weder philanthropisch noch frauenfreundlich begründet, sondern sollte verhindern, dass die teuren Früchte durch Rütteln und drückendes Gewicht beschädigt wurden!

Die Genuesen mit ihren Orientkontakten dürften die ersten Zitrusfrüchte an der Riviera angepflanzt haben. Das nahe ligurische San Remo entwickelte sich zu einem Zentrum des Zitronenanbaus. Als die Früchte ab dem 15. Jahrhundert vermehrt in Kochbüchern auftauchten und die

Nachfrage stieg, reagierte Menton, das seit 1346 von der genuesischen Familie Grimaldi und damit vom kleineren Monaco aus regiert wurde: 1495 ist der erste Export von Menton-Agrumen belegt. Der Herzog von Orléans bezahlte die Südfrüchte mit Goldmünzen.

In der Folgezeit avancierte der Zitronenhandel zur Haupteinnahmequelle des Fürstentums, dessen Geschäftsmodell Casino und Steueroase erst Jahrhunderte später entwickelt wurde. Zitronen als Staatsraison: Im 17. und 18. Jahrhundert erließen die Fürsten von Monaco eine Flut von Gesetzen, um den gewinnbringenden Agrumenexport zu regulieren. 1626 und 1655 legte Honoré II. den Zitronenpreis administrativ fest. 1662 wurde eine happige Strafe von einem Goldécu für jene bestimmt, die in Zitronengärten weiden ließen, Früchte oder Blüten stahlen. Im 18. Jahrhundert wurde das drohende Strafmaß noch verschärft – auf Zitronendiebstahl konnte Galeere, Auspeitschen oder gar Galgen stehen! Nicht weniger als achtzehn Beamte wachten seit 1671 im Magistrat des Citrons über das einträgliche Geschäft und die korrekte Kalibrierung der Limonen.

1811 erntete der Bürgermeister von Menton 610 000 Früchte in seinem Garten. Längst ging es nicht mehr um den regionalen Tausch gegen provençalisches Getreide, sondern um den Weltmarkt. Hamburg, Amsterdam, Danzig, Warschau und Sankt Petersburg lassen sich *flandrines* zusenden, Holzkisten mit je vierhundert in Seidenpapier eingewickelten Mentonzitronen, während für den Amerikahandel die *messinoise* mit dreihundertsechzig Früchten bevorzugt wird. 1818 schließlich setzt Honoré V. eine Police des Citrons ein, die die Ernte überwachen sollte.

Bei so viel Gängelung wundert es nicht, dass die Mentonnaiser 1848 in der sogenannten »Zitronenrevolution« die monegassische Herrschaft von Prinz Florestan abschüttelten und sich bis 1860 Piemont-Sardinien unterstellten.

Der Agrumenkultur haben diese politischen Wechselbäder weniger geschadet als der Tourismus der Belle Époque. Ein immer größerer Teil der knappen landwirtschaftlichen Nutzfläche wurde für den Bau von Grand Hôtels und Villen zweckentfremdet. Zudem machten die Eisenbahnen den

Standortvorteil der kürzeren Lieferwege nach Nordeuropa zunichte. Rolle rückwärts: Vormals Exportprodukt, wurden Zitronen wieder zum lokalen Lebensmittel. Als Attraktion für den Wintertourismus wurde 1935 der Karnevalsumzug durch die Fête du Citron ersetzt, statt Konfetti bewarf man sich bei diesem vitaminreichen Erntedankfest schon mal mit Zitronen. Da es nach einer Zitronenlausepidemie und dem harten Frostwinter 1955/56 davon nicht mehr genug gab, musste man vorübergehend auf nordafrikanische und sizilianische Ware zurückgreifen. Die echte Mentonzitrone war zum Mythos geworden, Bäume wurden nicht abgeerntet, sondern ausgebuddelt und als Zierpflanzen verkauft.

Dann kam Ducasse. Der frischgebackene Dreisternekoch schrieb Rezepte für karamellisierte Citrons de Menton à la coque en chaud-froid oder Tartellettes au citron de Menton, die in seinen Bestsellern verbreitet wurden. Doch woher das Grundprodukt nehmen?

Eine skurrile Situation entstand. Die Pariser Gourmetwelt stürmte Menton auf der Suche nach den legendären Zitronen. Und fand nur noch eine Handvoll meist alter Bäuerinnen und Obstgärtner, die auf winzigen Parzellen in höher gelegenen Villages perchés wie Gorbio oder Sainte-Agnès Zitrusfrüchte ernteten und ihren mageren Ertrag auf Ständen vor der charmanten Jugendstilmarkthalle feilboten. Die Nachfrage überstieg plötzlich das Angebot um ein Vielfaches.

Das bot Anlass zu Fälschungen, Umettikettierungen, aber auch zum Revival einer fast verschwundenen Kulturlandschaft. Mit den steigenden Preisen lohnte sich der Anbau schlagartig wieder. Citrons de Menton wurden zu einzigartigen *produits localisés*. 1992 begann der staatliche Agrarfonds INRA die Wiederanpflanzung zu fördern. Mit Erfolg: 2015 erhielten Citrons de Menton das begehrte EU-Siegel IGP (Indication Géographique Protégée), das strengen Ursprungsschutz vorsieht. Mentonzitronen dürfen außer in Menton und Roquebrune nur in einem eng definierten Rayon von Bergdörfern wie Castelar oder Gorbio angebaut werden. Die Bäume dürfen nicht höher als auf 390 Meter über dem Meeresspiegel und nicht weiter als sechs Kilometer von der Küstenlinie entfernt stehen. Die Ernte muss zur Zertifizierung beim Konsortium eingereicht werden und wird in speziellen Kartons verkauft und verschickt.

Zum aufgefrischten Ruhm der Agrumen von Menton trägt das Zitronenfestival bei. Was als lokaler Umzug begann, hat sich zu einem international besuchten Spektakel ausgewachsen. Gigantische, mit Zitronen und Orangen bestückte Statuen schmücken die Parademeile, den zentralen Corso zwischen Avenue Boyer und Avenue de Verdun. Der Thematik sind kaum Grenzen gesetzt. Mal Tintin, mal Buddha, mal Micky Maus, mal Rialtobrücke oder Taj Mahal. Astronauten waren schon dran, und auch ein Opel durfte durch einen Orangenreifen springen. Opernfiguren wie Carmen im zitronenbestückten Kleid mit Apfelsinenschärpe oder ein brathuhnfarbiger Lohengrinschwan, der eher wie eine Ente aussah (Canard à l'orange?), begrüßten die Schaulustigen. Tage vorher steht tout Menton Kopf. Die Corniche wird sorgsam abgesperrt, um die Tribünen für den Umzug mit Agrumenwagen, Seiltänzerinnen und internationalen Musikgruppen zu errichten. Und man gibt sich nachhaltig. *Post festum* werden Hunderttausende Früchte, die mittlerweile von spanischen Plantagen stammen, verschenkt und versteigert, um daraus Kosmetik, Konfitüre oder Sirup zu machen.

Auch sonst gehören Zitronen in der Hafenstadt, die ein Zitrusbäumchen im Wappen führt, längst zum Pflichtprogramm. Teilweise ist das historische Zentrum durch das Überangebot an Zitronensouvenirs ähnlich gelb eingefärbt wie der Ortskern Amalfis, und in der gutsortierten Markthalle werden in Salz eingelegte Mentonzitronen für Schmor-Tajine verkauft – wie alle anderen nur erdenklichen Agrumenverarbeitungen. Das Tourismusamt vermittelt Touren zu einem halben Dutzend Zitronenhainen: Manche, wie die hängenden Gärten der Maison Gannac, sind auch Pflanzschule mit einer Fülle von Agrumensorten in Töpfen. Im Parc de Carnolès, der größten Freiluftsammlung von Zitrusbäumen Europas, lässt sich in Gesellschaft der Büsten von Grace Kelly, Winston Churchill und längst vergessener Badeärzte ein herrlicher Morgenspaziergang unternehmen, wenn die Tautropfen noch von den porösen Schalen gigantischer Pampelmusen, maltesischer Blutorangen, grünlich-bitterer *bigaradiers* oder winziger Mandarinen abperlen. Eine Yves-Klein-blaue Nacktstatue kontrastiert mit dem leuchtenden Gelb reifer Zitronenbüschel. Blickfang in diesem botanischen Zaubergarten, der frei zugänglich ist, sind die blütenartig sich aufrollenden »Fangarme« der Zedratzitrone Main de Bouddha. Der Parc de Carnolès will nicht nur mit den Augen erlebt werden, sondern auch olfaktorisch. Ist eine aus einem monumentalen Marmorblock herausgekerbte Nase eine Aufforderung, den Duft der Hesperidenblüten zu erschnüffeln?

Fazit: Man muss kein Wirtschaftsweiser sein, um zu konstatieren, dass das Revival der Mentonzitrone, wenn auch mit gehöriger Verspätung, mit dem Wechsel der Staatsbürgerschaft zu tun hat. Wäre Menton nicht 1860 an Frankreich abgetreten worden, würden seine milden, saftreichen und zartschaligen Limonen sicher geschätzt, aber doch nur eine unter den vielen lokalen Zitrusvarianten Italiens sein. In Frankreich, das 99 Prozent der im Land konsumierten Zitrusfrüchte importiert, gelten sie als Unikum und nationale Prestigefrucht, als Symbol gärtnerischer Exzellenz. Für diese Delikatesse sind Zitronenpatrioten und Spitzenköche von Paris bis Marseille bereit, mindestens acht Euro pro Kilogramm zu zahlen. Ein Preis, der frappant über dem von frischen italienischen Lagenzitronen liegt, dafür aber Fortleben, Pflege und Gedeihen einer einzigartigen arbeitsintensiven Kulturlandschaft sichert: das atemberaubende Terroir von Menton, wo die steilen Ausläufer der Alpen in die azurblaue See stürzen.

Tarte au Citron de Menton
Zitronentorte

Teig:
Zesten von 1 Mentonzitrone
150 g eiskalte Butter
100 g Puderzucker
1 Ei
3 g unraffiniertes Meersalz
250 g feinstes Weizenmehl

Lemon Curd:
Zesten von 2 Mentonzitronen
125 g ganze Eier
135 g Eidotter
150 g frischgepresster Zitronensaft
300 g Butter
300 g Rohrzucker

Teig: Den Puderzucker, die Zesten einer Zitrone und die Butter verschlagen, bis die Masse schön weiß wird. Das Ei einrühren. Das Mehl und das Salz einarbeiten, nicht zu stark durchrühren. Im Kühlschrank mindestens eine Stunde lang kaltstellen. Die Masse zwei Millimeter dick in einer Form ausstreichen. Im Ofen bei 180 Grad und Umluft Stufe drei für acht bis zehn Minuten backen. Erkalten lassen.

Lemon Curd: Die Eier, die Eidotter, den Zitronensaft, die Zesten von zwei Zitronen und den Rohrzucker im Wasserbad auf 82 Grad erhitzen. Vom Herd nehmen und die kalte, in Würfel geschnittene Butter hinzufügen. Dann den Lemon Curd auf den Tarteboden verstreichen und abkühlen lassen.

Rezept der Boulangerie Le Mitron, die die Markthalle von Menton und den Dreisterne-Tempel Mirazur mit ihren Backwaren beliefert.

Citromania
Die Gärten der Medici

Ringsum von grünen, strotzenden Orangen- und Zitronenbäumen umschlossen, die mit ihren Früchten, reifen sowohl als unreifen, und ihren dabei noch immer blühenden Zweigen zugleich das Auge durch den Schatten und den Geruchssinn durch den Duft belebten.

Boccaccio über die Villa Palmieri
in Fiesole, *Decamerone*

Der Numiderkönig Syphax lädt den römischen Feldherrn Scipio Africanus zum Gastmahl. Eine Episode aus einem lateinischen Klassiker, Sallusts *Bellum Jugurthinum*. Das Riesenfresko, das der Manierist Alessandro Allori für die Medici-Villa in Poggio a Caiano malte, hat reelle Zeitbezüge. Der römische Feldherr trägt die Züge von Lorenzo il Magnifico, dem Begründer der Herrschaftsansprüche der Dynastie. Subtext: Auch in der Zeit, als die Medici noch nicht adlige Großherzöge, sondern nur informelle Oberhäupter einer Republik waren, verkehrten Könige auf Augenhöhe mit ihnen.

Ein solches afrikanisches Gelage bot Gelegenheit, exotischen Luxus zu schildern. Schläfrige Raubkatzen ersetzen die Haustiere, die sich sonst auf zeitgenössischen Tafelszenen tummeln. Im Zentrum all dieser Pracht leuchtet zwischen Platten mit Hühnchen und Fischen – eine Zitrone. Denn Poggio a Caiano bei Carmignano, erbaut 1485–1520 und von vielen nachfolgenden Generationen genutzt, ist ein Agrumenschloss. Passenderweise umfasst das Bildprogramm ein Lünettenfresko von Allori, das Herkules, der gerade den Drachen Ladon erlegt hat, zusammen mit den Hesperiden zeigt, den mythischen Hüterinnen der Goldenen Äpfel. Im langgestreckten Gewächshaus im Park wurden seit Jahrhunderten Kohorten von Zitrusbäumen gärtnerisch betreut.

Als suchten sie ihre bürgerliche Herkunft als Ärzte oder Apotheker zu kompensieren, setzen Generationen von Medici auf die prestigereiche Pflanzung und Hege von Agrumen. Ihre politische Pomologie geht so weit, dass das Wappensujet des durch Bankgeschäfte groß gewordenen Geschlechts, die sechs *palle* genannten Kugeln, sich nicht nur als Pillen oder runde Goldballen deuten ließ, sondern auch als Goldäpfel, sprich als pralle Orangen. Huldigende Humanisten reizte zudem die klangliche Ähnlichkeit des vergilianischen Begriffs *malus medica* (Zitronatzitrone) mit dem Namen Medici zu etymologischen Wortspielen. Kein Zufall also, vielmehr Programm, dass nahezu jede Medici-Villa eine Serra aufweist, ein Gewächshaus für Zitrusfrüchte. Freilandanbau ließ das raue Klima der Zentraltoskana kaum zu. Stattdessen wurden in den Boboli-Gärten und im Renaissancepark der Villa La Magia bei Pistoia, in Residenzen wie Petraia oder Topaia ausgedehnte Gewächshäuser für kühle Jahreszeiten errichtet. Wie in Valencia pflanzten die Gärtner manche Bäumchen in Spalierform eng an besonnte Mauern und packten sie im Winter sorgfältig ein.

Noch heute ist es eine Attraktion, wenn im Frühling die in den Florentiner Hügeln gelegene Villa Castello ihre historischen Agrumenbestände ins Freie entlässt. Die tonnenschweren Bäume stecken in riesigen, mit dem *palle*-Wappen geschmückten Terrakottavasen aus der Töpferstadt

Impruneta. Auf Rollbrettern werden sie in den Park gefahren und auf eigens errichtete steinerne Piedestale gehievt. Woanders schmücken Götterstatuen einen *giardino all'italiana*, in der Toskana übernehmen oft Zitrusbäume diese monumentale Funktion. Das sommerliche Arrangement verbreitet die Illusion, die Agrumen wüchsen im Freien zwischen anderen Pflanzen. Durch die Präsenz von Zitrusfrüchten sind diese Medici-Residenzen Musterbeispiele für das naturnahe Renaissancekonzept der Gartenarchitektur. Befestigte Adelssitze werden in Villen im antiken Sinn verwandelt, die von teilweise landwirtschaftlich genutzten Parks umgeben sind.

Die Villa Castello, heute genutzt von der Accademia della Crusca, Italiens linguistischer Instanz, war wahrscheinlich der ursprüngliche Hängungsort von zwei der meistreproduzierten Gemälde der Kunstgeschichte. Vermutlich hatte Lorenzo di Pierfrancesco, Cousin Lorenzo il Magnificos, bei Sandro Botticelli die *Geburt der Venus* und die *Primavera* in Auftrag gegeben. Beide Bilder waren wegen ihres freizügigen Charakters nicht für die Öffentlichkeit bestimmt, sondern für die intimere Atmosphäre einer Privatvilla. Hier manifestiert sich eine neuheidnisch-neuplatonische Interpretation der Zitrusfrüchte. Anders als die Theologie, die in ihnen Keuschheitssymbole sah, werden sie nun mit ihrem perennierenden Blühen und Reifen als Symbole immerwährender Fruchtbarkeit aufgefasst. Passenderweise landet die nackte, auf einer Muschel surfende Venus an einer zypriotischen (oder tyrrhenischen?) Küste, die dicht mit Agrumengehölz bestanden ist. Das Ballett der allegorischen Damen mit der Blüten streuenden Frühlingsgestalt tänzelt um die Liebesgöttin in einem dunklen Orangenhain, dessen Bäume gleichzeitig leuchtende Früchte und weiße Blüten tragen. Links reckt sich der Botengott Hermes nach einer Apfelsine.

Das edle Obst ließ sich auch außenpolitisch einsetzen. Die Heirat der vierzehnjährigen Caterina de' Medici 1533 mit dem französischen Thronfolger war für den Bräutigam eigentlich eine Mesalliance. Übertüncht wurden die gewaltigen standesgemäßen Unterschiede durch die fette

Mitgift und den Prunk des Hochzeitsmahls. *Conspicuous consumption*, das bedeutete damals, die Franzosen gleich beim ersten Auftritt mit silbernen Gabeln und durch eine sensationelle kulinarische Neuigkeit zu blenden: Sorbet aus Zitronen, hergestellt von sizilianischen Eismachern. Der spätere Besuch der Königin in der Kandier- und Marmeladenwerkstatt des Propheten Nostradamus zeugt von lebenslangem Interesse für das Thema. Auch die zweite französische Medici-Königin, Marie de Médicis, scheute keine Kosten, die Florentiner Gartenbaukunst in Frankreich heimisch zu machen. Die von ihr initiierte Orangerie im Jardin du Luxembourg kopiert die Anlage in den Boboli-Gärten. Eine Anekdote kolportiert, dass die französischen Gärtner versuchten, die mitsamt Erdballen aus Italien in die Häfen der Normandie verschifften Bäume durch Baden der Wurzeln in Milch und Honig aufzupäppeln.

Zudem ließen sich die Früchte zu Geld machen. Die von Cosimo I., dem ersten Großherzog der Toskana, 1555 gegründete Fonderia Medicea, die zunächst im Palazzo Vecchio, später in den Uffizien experimentierte, war ein europaweit gerühmtes Laboratorium für Arzneien, Essenzen und Düfte. Das barocke Florenz entwickelte sich zur Pflichtetappe der galanten Welt, deren Angehörige sich auf der Grand Tour mit Agrumen parfümierte Lederhandschuhe anmessen ließen. Heute wird dieses olfaktorische Erbe von der 1221 von Dominikanern gegründeten Farmacia di Santa Maria Novella fortgeführt. In den nostalgischen Verkaufsräumen wird nicht nur krapproter Alchermeslikör nach einem 280 Jahre alten Rezept, sondern auch eine von historischen Düften inspirierte Neukreation angeboten. Aqua della Regina will das Parfum Caterina de' Medicis rekonstruieren. Kopfnote: natürlich Limonen. Mit sogenannter Petitgrain-Essenz aus Pomeranzenblättern und grünen Früchten und dem nach einer italienischen Prinzessin benannten Neroli aus den Blüten der Bitterorange evoziert das Bouquet luxuriöseste Aromen der Parfumgeschichte.

Die Liebe zu Zitrusfrüchten war in der Sippe der Medici generationenübergreifend. Schon um 1400 besaß der Bankier Cosimo der Ältere Limonensträucher. Sein Enkel Lorenzo il Magnifico tagte mit der Accademia Platonica in der Badia Fiesolana, wo in spanischer Manier die Mauerwärme zur Anlage von Zitrusspalieren genutzt wurde. Großherzog Cosimo I. ehelichte Eleonora di Toledo, Tochter des Vizekönigs von Neapel, die die florentinischen Gärten um Orangenschösslinge aus der Vesuvstadt bereicherte. Sein Nachfolger Francesco I. ließ den Garten der Villa Castello in seiner heutigen Form anlegen. Romantisch klingt die Überlieferung, der Großherzog sei *speculando e filosofando dolcemente* (sanft räsonnierend und philosophierend) durch seine Agrumenpracht flaniert, deren Blüten er als Gottesgeschenk ansah.

Einen Höhepunkt der *Citromania* stellt die Herrschaft des sich vegetarisch ernährenden Großherzogs Cosimo III. (regierte 1670–1723) dar, der gern Orangenschokolade naschte. Historiker monieren, dass ihm Botanik wichtiger war als Staatsgeschäfte. Sein exzentrisches Interesse galt dem Züchten und Aufspüren rarer Spezies, skurriler Formen, ja Missbildungen. Vergleichbar mit der barocken Faszination für Wunderkammern und der karnevalesken für Hofzwerge, beruhte diese Laune auf dem Streben nach unumschränkter Herrschaft über die Natur. Um *bizzarerie* seines »botanischen Zoos« zu verewigen, beschäftigte er mit Bartolomeo Bimbi (1648–1729) einen Virtuosen der

Agrumenmalerei. Der Großteil seines Œuvres ist im Obergeschoss der Villa Poggio a Caiano im Museo della natura morta zu bewundern: Stillleben, Wimmelbilder, aber auch detaillierte botanische Abbildungen von Limetten, Fingerzitronen und chinesischen Zwergorangen, von *cetrangoli* oder *lumie* genannten Sorten spiegeln den Artenreichtum und die klassifizierende Terminologie der Epoche wider. Besonders kostbar und aufschlussreich sind vier Kolossalgemälde, auf denen Bimbi 116 verschiedene Varianten wiedergab und katalogisierte. Hier gehen koloristischer und pomologischer Anspruch nahtlos ineinander über.

Wer eine Ahnung haben will, wie Medici-Früchte mundeten, könnte nach Wien reisen. Die Orangerie im Schloss Schönbrunn wurde 1754 von Nikolaus Pacassi für Franz I. Stephan und Maria Theresia errichtet. Die beiden herrschten zuvor als Großherzogpaar über die Toskana. So dürfte die gigantische Orangerie eine Reminiszenz an die Florentiner Jahre und eine Imitation des gärtnerischen Ehrgeizes ihrer Vorgänger, der Medici, sein. Orangerien waren ein gesamteuropäisches Phänomen, aber die Medici hatten die Nase vorn gehabt, wirkten stilbildend. Jedenfalls werden in Wien die Früchte an Sternelokale wie das Steirereck verkauft, das als imperiales Dessert kandierte Agrumenschnitze aus der Orangerie von Schönbrunn serviert. Lebendige Medici-Citromanie auf der Zunge, wenn auch über bizarre historische Wendungen und Drehungen!

Crostini di Capperi
Kapernpaste

50 g Kapern in Essig
50 g gemahlener Zucker
30 g Korinthen
20 g Pinienkerne
20 g Schinken mit Fettrand
20 g Orangeat/Zitronat
1 EL Mehl

Zerdrückt die Kapern grob, pflückt die Stiele der Korinthen ab und wascht sie gut, schneidet die Pinienkerne quer in drei Teile, würfelt den Schinken fein und zerteilt das kandierte Obst in kleinste Stückchen.

Stellt in einer kleinen Pfanne einen Löffel mit Mehl und zwei von dem erwähnten Zucker aufs Feuer, und wenn diese Mischung sich braun verfärbt, dann schüttet ein halbes Glas Wasser vermischt mit sehr wenig Essig hinein. Wenn es aufgekocht ist und die Klümpchen sich aufgelöst haben, dann werft in die Pfanne alle Zutaten auf einmal und lasst sie zehn Minuten aufkochen, wobei ihr hin und wieder kostet, ob der kräftige süße Geschmack passt; ich habe mich nicht festgelegt, wie viel Essig nötig ist, denn nicht alle Sorten Essig haben die gleiche Kraft. Wenn die Masse noch warm ist, dann streicht sie über Scheiben von Brot, das in gutem Öl gebraten oder einfach frisch geröstet ist. Ihr könnt diese rustikalen Crostini auch in der Mitte der Mahlzeit servieren, um den Appetit eurer Tischgenossen anzustacheln.

Crostini mit Geflügelleber oder Trüffeln gehören zu den Standardantipasti der toskanischen Küche. Pellegrino Artusi macht in seinem weitverbreiteten Klassiker *La scienza in cucina* (1891) ein Zugeständnis an Süditalien. Die besten Kapern wachsen auf Pantelleria und der Äolischen Insel Salina.

Die Früchte der Sirenen
Sorrent und Amalfi

Guarda, guà chistu ciardino	*Schau, schau diesen Garten*
Siente, siè sti sciure arance.	*Spür, spür die dunklen Orangen*
Nu profumo accussì fino	*Ein Duft so fein*
Dint 'o core se ne va.	*Dringt ins Herz dir ein.*

Giambattista De Curtis,
Torna a Surriento/Rückkehr nach Sorrent

Oranges Funkeln hinter schwarzen Netzen: Verhüllt und verschleiert wie eine spanische Barockschönheit präsentiert sich die Steilküste Sorrents und Amalfis in den Winter- und Frühlingsmonaten. Denn die Blüten der Apfelsinen und Limonen brauchen Schutz vor den kalten Böen der Tramontana. Bis zu fünf Meter lange Kastanienpfähle, von Maultieren aus den Bergwäldern des Monte Sant'Angelo herbeigeschleift, werden ins Erdreich der steilen Terrassen getrieben, mit Netzen bespannt und bis in jüngste Zeit mit *pagliarelle* genannten Strohmatten belegt. Sorrents Orangen reifen im

Dämmer, wie Augenzeuge Johann Wolfgang von Goethe es in Italien-Schlüsselversen formuliert hat:

Kennst du das Land, wo die Zitronen blühn,
Im dunklen Laub die Goldorangen glühn

Ob Nietzsches Sorrentspaziergänge oder die Capri-Batterie von Joseph Beuys, der Duft und die Farbe der Agrumen gehören zu den Standardimpressionen einer Fahrt an den Golf von Neapel. Ein literarischer Topos, den jeder Reisende aufs Neue beglückt tatsächlich sehen, riechen, schmecken kann. *Naples est un agrume, une orange* stand auf einem Plakat, das französische Neapeltexte präsentierte. Als süß und bitter zugleich wird die Metropole des Südens charakterisiert, die Millionenstadt, in der es Dutzende Buden gibt, die frischgepresste Limonade feilbieten; in der Nonnen ihre Kreuzgänge auf spanische Manier mit bunten Majolikakacheln und Apfelsinenbäumen schmückten.

Ein aufwühlendes Erlebnis in einem Sorrentiner Orangenhain notierte André Gide auf seinen Entdeckungen des sinnlichen antiintellektuellen Südens:

Es hatte geregnet: der Himmel war noch grau; es schien, als ob das Licht nur von der großen Menge der Orangen käme. Ihr Gewicht bog die Äste. Die Zitronen, graziler, gebogener, strahlten zur gleichen Zeit weniger Majestät, aber dafür mehr Eleganz aus. Manchmal bildeten die schützenden pagliarelle über ihnen einen praktisch dunklen Schlupfwinkel [...] und auf den Pfaden aus harter und schwarzer Erde, diesen schnurgeraden, regelmäßigen, engen Pfaden, auf denen der Schatten, die Hitze, die Feuchtigkeit das Moos hatten wachsen lassen, hätte man mit nackten Füßen laufen wollen [...] auf eine dieser Marmorbänke hatte ein fürsorglicher Gärtner für uns Orangen hingelegt. Es waren vier verschiedene Sorten: gegenüber den größeren, fast aromalosen, die süß waren wie Wassermelonen, zog ich die von ovaler Form vor, mit doppeltdicker Schale: sie waren von ätherischem Wohlgeschmack, so wie in meinen Träumen die Orangen des Orients sind ... ich weiß nicht, wie viele wir davon aßen, oh, in dieser Ekstase ...

Ein Text, der mich an einen ähnlich verwunschenen Agrumenhain oberhalb von Massa Lubrense erinnert. Il Giardino di Vigliano wird traditionsbewusst betrieben, Biolandwirtschaft wie immer schon. Sogar das kostenaufwändige System der Abdeckung mit Strohmatten, die die Reifezeit bis Mai hinauszögern und im Sommer die Feuchtigkeit halten, wird teilweise noch angewandt. Als Besucher taucht man ein in das dichte Dunkel eines Agrumenwaldes, dunkelgrün vom Blattwerk bis zu den Bodenmoosen, in dem juwelenartig Limonen und Orangen, Pampelmusen und hybride Wunderwerke der Natur schimmern, die gleichzeitig unterschiedliche Früchte tragen. Ergebnisse des Aufpfropfens von Zitronentrieben auf Pomeranzenstämme, die an manchen Stellen wieder durchschlagen, wie Don Peppino, seit Jahrzehnten die Seele des Gartens, kundig demonstriert. Das Obst liegt in diesem bäuerlichen Anwesen freilich nicht auf Marmorbänken. Dafür tritt man aus dem Zwielicht auf eine sonnenbeglänzte Terrasse mit Meeresblick, um Signora Idas Risotto al limone oder Confettura di arance auf selbstgebackenem Holzofenbrot zu kosten, ländliche Stille und den azurblauen Äther zu genießen.

Streitfrage: Wann sind die heute aus dem Landschaftsbild nicht mehr wegzudenkenden Agrumen an die Küste der Sirenen gekommen? Ein langer Weg führt von den im konfuzianischen *Shu King* erwähnten »Chinaäpfeln«, von den fast 5000 Jahre alten Zitronendarstellungen der Induskultur und dem Sanskritwort Naranga zu den allgegenwärtigen knallgelben Limoncello-Auslagen der Küstenorte.

Für die Römer waren Zitrusfrüchte meist aus Indien von Kamelkarawanen herangeschleppte Zierpflanzen, noch Plinius hielt sie für ungenießbar. Neros Gattin Poppaea schnupperte in der Villa Oplontis an Zitronatzitronenbäumchen, einer exotischen Kostbarkeit. Der müde Muskelkoloss des Herkules Farnese im Museo Archeologico von Neapel versteckt in der auf den Rücken gelegten Hand drei Marmorfrüchte, die für die Gelehrten der Renaissance ganz eindeutig Orangen darstellen.

Wie Artischocken und Auberginen, so sind auch die Zitrusfrüchte in den Hainen der Costiera Amalfitana frühmittelalterlicher Import aus der islamisch-jüdischen Hemisphäre. Ein Dokument aus dem Jahr 986 berichtet von einem klösterlichen *cetrarium*, einem Zitronengarten, in der heutigen Majolikastadt Vietri. Amalfi, die Seerepublik mit Kontoren in Alexandrien, Konstantinopel und Damaskus, wollte die goldenen Heil- und Luxusfrüchte des Orients nicht missen und war auf den Geschmack gekommen. Eine Legende berichtet, dass für die ersten Bäume eigens Erde aus Alexandrien mitgebracht wurde. Die Medizinschule im nahen Salerno, in der arabische, jüdische und christliche Ärzte das Heilwissen des 12. Jahrhunderts zusammentrugen und lehrten, empfiehlt die Zitronatzitronensalbe *unguentum citrinum*.

Privileg der Reichen und der Bischöfe, weitete sich der Anbau allmählich aus. 1592 schwärmt der Dichter und Naturheiler Gian Battista della Porta: *Amalphiae litora ubi fecunda laetissimaque citrea conspiciuntur, ut non amplius Hesperidum horti desiderari possint* – die Gestade Amalfis, wo reichlich tragende, gar heitere Zitrushaine erblickt werden, so dass auch die Gärten der Hesperiden prächtiger nicht ersehnt werden können.

Der praktische Impuls, der das Landschaftsprofil der Amalfitana nachhaltiger verändern sollte, kam auch hier von außen. Wieder war es die Royal Navy, die Zitronensaftrationen gegen Skorbut einführte. Der Limonenexport der Küste wurde zum treibenden wirtschaftlichen Faktor. Die kolossalen Verdienstmöglichkeiten trieben Bauern und Pächter zu Höchstleistungen: Von Wein und Esskastanien wurde auf zehnmal lukrativere Agrumen umgestellt. Um phänomenale 1100 Prozent wurden die Flächen der Zitronenterrassen zwischen 1860 und 1886 erweitert. Neue wurden mit Dynamit aus dem Fels gesprengt. An der schwindelerregenden Steilheit mancher Parzellen lässt sich noch heute erkennen, dass man jedes Fetzchen Land bis hinunter zur Küste ausnutzen wollte. Die nötige Erde wurde in den Maronenbergwäldern zusammengekratzt und heruntergeschleppt. Hölzerne Pergolen boten Sonnenschutz, um die Reifungsperiode zu verlängern, und die Möglichkeit, die Äste herunterzubiegen, um leichter ernten zu können. Kapitäne aus Meta di Sorrento oder Positano verschifften auf Agrumenklippern *bomboniere* genannte, mit Zitronen und Orangen gefüllte Pappelholzkisten zu den Fruchtauktionen in New York, Boston, Montreal, Hamburg oder Odessa.

Das Resultat dieser frühkapitalistischen Bodenoptimierung und Gewinnmaximierung ist eine spektakuläre, fast bildhauerisch anmutende Kulturlandschaft: »Menschenwerk hat in diesen komplexen Veredelungen des Terrains zutiefst beeindruckende Effekte geschaffen, gleichsam eine Symbiose aus Natur und Handarbeit, aus funktionalen Zwängen und ästhetischen Resultaten« (Carmine Guarino).

Das Jahrzehnt zwischen 1890 und 1900 schuf die Grundlagen für die Erfolgsgeschichte der Sorrentiner Orangen – daran erinnern Sammlungen prächtig bedruckter Einwickelpapiere. Ein Handelsvorteil war die ausgeklügelte Lagerungsmethode, die Nachschub fast das ganze Jahr über möglich machte. Die typische Sorrentiner Orange der Sorte *biondo comune* lässt sich von Dezember bis Mai ernten. In kühlen Tuffgrotten wurden die Früchte in Vor-Kühlhaus-Zeiten bis Ende Juli gelagert. Dann wurden sie warm gewaschen und mit Nussschalenmehl für den Versand poliert. Das Sortieren und Verpacken, das feinmotorische Fähigkeiten verlangte, war Frauenarbeit. Sie mussten sich jeden Morgen die Nägel feilen, um ja nicht die Schale zu beschädigen. Ein eher lokales Phänomen war der Handel mit den Blüten. Betörender Orangenblütenduft ist nicht nur Grundstoff ungezählter Parfumkompositionen und raffinierter Rasiercremes, er gehört auch in Neapels Ostergebäck, die *pastiera*: eine gedeckte Torte, ein Erntedankhymnus an den Frühling, gefüllt mit einer Mischung aus gequollenem Weizenkorn, frischer Ricotta, Eidottern, kandierten Pomeranzen und Cedro-Früchten, in die Orangenblütenwasser eingearbeitet wird.

Coi fiori eterni eterno il frutto dura
e mentre spunta l'un l'altro matura

Dieser vielzitierte Vers über die ewig schwellenden Orangenblüten stammt aus der Ekphrasis der orientalischen Zaubergärten der Armida aus dem 16. Gesang von Torquato Tassos *Gerusalemme liberata*. Der Dichter des *Befreiten Jerusalem* konnte einen Topos mit Jugenderinnerungen verknüpfen. Tasso wuchs in Sorrent und Salerno auf, kannte Zitrusbäume und Blüten also aus eigener Anschauung:

Und wie sie nun dem Labyrinth entwallen,
Wird gleich der schönste Garten offenbart:
[...]
Es scheint – so mischt sich Künstliches dem Wilden –
Als ob Natur den Garten angelegt
Und sich bestrebt, der Kunst ihn nachzubilden,
Die immer sonst ihr nachzubilden pflegt.
Sogar die Luft, die ewig den Gefilden
Ihr Grün bewahrt, wird durch Magie erregt
Stets sieht man Frücht' und Blüten sich gesellen;
Die brechen auf, da jene reifend schwellen.

Heute sind die Agrumengärten der Sirenenküsten in der Krise. Längst haben nicht mehr sizilianische, sondern spanische, israelische und marokkanische Früchte die Sorrentiner Orangen und Almalfi-Zitronen verdrängt, deren Erzeugung extrem arbeitsaufwändig ist. Das Aufstellen und Instandhalten der *pergolati*, die Bewässerung auf winzigen, schwindelerregenden Steilgärten, die Ernte von Hand, all das ist Schwerstarbeit. Und Frauen, die bis zu sechzig Kilogramm schwere Apfelsinenkisten auf steilsten Treppenwegen schleppen, gibt es nur noch auf Schwarzweißfotos. Kein Wunder, dass die Orangen von Sorrent sogar vor Ort entweder teurer als alles importierte Obst sind – oder einem in allmählich verwahrlosenden Gärten vom Besitzer geschenkt werden. Immer mehr Bauern überlegen, ob sie ihre Terrassen nicht lieber wieder für Weinanbau nutzen. Sant'Antonino, der Orangenheilige, dessen Statue mit Blüten und Früchten geschmückt wird, muss sich ins Zeug legen.

Direktvermarktung ist eine der möglichen Lösungen: Wer die Amalfitana entlangfährt, fotografiert nicht nur azurblaues Meer und weiße kubische Städtchen, sondern er stoppt meistens auch an den malerischsten Fruchtständen Italiens. Bauernfamilien breiten die Tagesernte ihrer sonnenduchfluteten Parzellen auf provisorischen Gestellen aus. Kränze pimentroter Peperoncinoschoten, die wie Kaskaden potenzfördernder Corallizapfen aussehen, meterlange Zöpfe geflochtener Knoblauchzwiebeln und mirabellengroßer süßer Tomaten hängen über Weinbergpfirsichen, Zitronatzitronen und grellorangen Apfelsinenbällen.

Ein wichtiger Anstoß, diese großartige Kulturlandschaft zu erhalten, war die EU-weit eingetragene IGP (Indicazione Geografica Protetta). Seit 2001 sind ähnlich wie Spitzenweine die Zitronen der Amalfiküste mit dieser geographischen Herkunftsbezeichnung geschützt – eine Marktchance, die anspornt, die Mühen des Anbaus weiter auf sich zu nehmen.

Dass das internationale Renommee in Feinschmeckerkreisen nicht ausreicht, um kostendeckend zu arbeiten, erfährt man im Vorzeigehain der Familie Aceto am Ende der Valle dei Mulini, des vielgemalten Tals der Papiermühlen in Amalfi. Der arbeitsintensive Steillagenanbau ist für Salvatore Aceto ein Verlustgeschäft, was bei weitem nicht nur an den sprunghaft angestiegenen Preisen für Kastanienpfähle liegt. Aber als Sohn von Senior Giggino, der gerne erzählt, dass er in einem Zitronenhain gezeugt wurde, da bei dreizehn Geschwistern seine Eltern kaum je woanders ungestört waren, kann man nicht so einfach aufgeben. Auch wenn er den Verfall so mancher benachbarter Limonenterrasse mit ansehen muss, der wiederum Erdrutsche und Ungezieferbefall zur Folge hat. Für seinen weitgehend biologischen Betrieb ist all das eine Herausforderung.

Salvatore entwickelte ein neues Geschäftsmodell, der Obsthändler wurde zu einem Pionier des Zitronentourismus. Seine nicht nur auf die in Amalfi häufigen amerikanischen Gäste zugeschnittene Idee: Die *Lemon tour* bietet steile Begehungen, idyllische Ruhe und Abgeschiedenheit, die in frappantem Gegensatz zur Drängelei auf dem Pier und den wenigen Altstadtgassen steht. Ohne Mithilfe der gesamten Familie und motivierter Mitarbeiter, die in zitronengelben T-Shirts unter einer Zitruslaube Köstliches wie gegrillten Provolone-Käse zwischen Limonenblättern servieren, geht nichts.

»Der Tag des Jüngsten Gerichts wird für die Amalfitaner, die ins Paradies kommen, ein Tag wie jeder andere sein«, dichtete der Toscaner Renato Fucini, ein Freund Puccinis. Bezog sich diese hymnische Anpreisung auf die Zitronengärten der Seerepublik? Auf die immerblühenden, immer grünenden, immer Früchte tragenden Paradiesbäume, die in Amalfi schon im Diesseits gedeihen?

Das Schutzgebiet Limone d'Amalfi reicht von Positano bis nach Cetara und Vietri, also fast bis Salerno. Manchmal ist es entspannter, den Zitrusfrüchten in kleineren Orten nachzuspüren, etwa im Fischerhafen Cetara, wo der Altbürgermeister Besitzer kleiner privater Zitronengärten zur Landschaftspflege ermuntert. Den Ortschaften Minori und Maiori ist mit der Idee eines Sentiero dei Limoni ein Coup gelungen. Der panoramareiche Treppenweg hebt sich mit seinen hübschen Einkehrmöglichkeiten wohltuend von den überlaufenen Cinque Terre ab. Als Belohnung winkt am Ende ein Zitroneneis bei Sal de Riso an der Uferpromenade von Minori. Signor Salvatore, Italiens erster Starpâtissier aus dem Süden, hat in den Neunzehnneunzigern mit Delizie al limone das Vorzeigedessert der Amalfitana erfunden: Mit Zitronencreme überzogene Biskuitkuppeln. Selbst sein Weihnachtspanettone wird mit Limoncello-Creme gefüllt.

All diese Initiativen beweisen: Die Costiera Amalfitana ist mehr als eine überlaufene Perlenkette von Postkartenferienorten und Badebuchten. Sie umfasst ein agrarisches Hinterland, das an kulinarischen Reizen und Landschaftserlebnissen mit den Küsten konkurrieren kann. Eine Möglichkeit, bäuerliche Sozialgeschichte zu erwandern (und zu verkosten), bietet der vom italienischen Alpenverein CAI ausgewiesene Sentiero delle Formichelle vom Rotweinort Tramonti an die Küste von Maiori. *Formichelle*, kleine Ameisen, wurden die Frauen genannt, die die Zitronenkörbe hinunter zu den Agrumenkähnen schleppten. Aber selbst diese sklavenartige Schufterei wurde eifersüchtig angefeindet, bedeutete sie doch für diese Frauengenerationen einen winzigen Schritt hin zu eigenem Verdienst und zur Lizenz, das Haus nicht nur zur Messe zu verlassen. Heute kommt die dreirädrige Ape zum Einsatz, im steilen Gelände kann auf Maultiere nicht ganz verzichtet werden.

Doch die allerbeste Promotion für die Sirenenfrüchte ist die kometengleich angewachsene Popularität eines Likörs, der bis vor wenigen Jahren nur für den Hausgebrauch angesetzt wurde – wenn der Trattoriawirt gut gelaunt war, holte er unter dem Tresen eine Flasche eigenen Limoncello hervor. Mittlerweile animiert ein Überangebot von grellgelben Zitronenlikörbatterien in den Fußgängerzonen von Sorrent und Amalfi zum Souvenirkauf. Wer glaubt, dass all diese Liköre aus hochpreisigen Amalfizitronen gewonnen wurden, ist schlichtweg naiv. Auf den Etiketten steht häufig einfach *limone*, nicht aber *limone d'Amalfi*, aus Preisgründen und weil die weniger glattschaligen Amalfilimonen nach wie vor mit der Hand geschält werden müssen. Um sicher zu gehen, dass nur die feinsten Zitronen Italiens verarbeitet wurden, kauft man besser direkt beim Bauern. Mit etwas Glück kann man beim Zitronenernten und Schälen zusehen und erfährt Volksweisheiten wie die, dass ein echter Limoncello weder zu süß und vor allem nicht zu gelb sein sollte – Einheimische ziehen einen hellen, fast klaren Zitronenlikör vor.

Limoncello

8 Amalfizitronen
1000 g Weingeist (Trinkalkohol)
1000 g Wasser
750 g Zucker

Schält die Zitronen sorgfältig und achtet darauf, dass Ihr nur den gelben Teil abschneidet. Gebt alle Schalen für 48 Stunden in einem perfekt sauberen Gefäß in den Weingeist. Verschließt es sorgfältig und hebt es bei Zimmertemperatur an einem dunklen Ort auf.

Wenn die nötige Zeit vergangen ist, löst den Zucker im Wasser auf und mischt den so erhaltenen Sirup mit dem Zitronenauszug. Entfernt die Schalen und bewahrt die Flüssigkeit in einem Gefäß auf. Lasst die Flüssigkeit wenigstens 24 Stunden ruhen und filtert sie dann. Bewahrt den Limoncello in gut verkorkten Flaschen auf und genießt ihn bei Zimmertemperatur oder kalt, ganz wie es Euch beliebt.

Klassisches Limoncellorezept vom Zuckerbäcker Salvatore de Riso aus Minori.

Rodi Garganico
Agrumen der Adria

Emporkletternd auf steilen Pfaden, über denen sich Äste verflechten und die immergrünen Blätter der Agrumen sich verdichten und eine Art geheimnisvollen Schutzraum bilden aus parfümierten Labyrinthen, Bögen, Gewölben, Durchschlupfen, von denen die Früchte der goldenen Farbe hängen, weise errichtet von Feenhänden, wird es Euch wie ein Traum erscheinen oder als ob Ihr vorher geträumt habt, als Ihr die öde Ebene verließt, die schwüle Hitze und die drückende Luft …
Ihr seid auf dem Gargano, auf seiner nördlichen, deliziösen und zauberhaften Kurve, die von Vieste nach Rodi reicht.

Antonio Lo Re (1890)

Der Jeep in dem man die steilen engen Staubpisten emporknattert, scheint jeden Moment die übermannshohen Feldsteinmauern zu schrammen, die vom Badeort Rodi Garganico ins bäuerliche Hinterland führen. Dann ein kurzer Stopp, ein Millimetermanöver, ein Tor tut sich auf und dahinter ein pomologisches Paradies.

Grelle Früchte der Orangenbäume leuchten vor dem Hintergrund bis zu zwölf Meter hoher dunkelgrüner Vegetationsvorhänge. *Frangiventi* – diese Windbrecher oder Hutbäume prägen die Silhouette der kleinteiligen

Agrumengärten des Gargano-Gebirges. Anderswo werden die empfindlichen Bäume mit Plastikplanen bedeckt. Hier, wo der Großteil der Ernte zur lokalen Selbstversorgung bestimmt ist, setzt man wie seit eh und je auf die Schutzfunktion natürlicher Schirme aus Lorbeerbäumen oder Steineichenspalieren. Denn der Sporn des italienischen Stiefels wird in den Wintermonaten von schneidenden balkanischen Fallwinden wie der gefürchteten Bora oder dem griechischen Grecale heimgesucht. Wie innig die Bauern darum flehten, vor Frost verschont zu werden, lässt sich am lebendigen Kult um den Heiligen Valentin im Städtchen Vico del Gargano nachvollziehen, das mit 445 Meter Meereshöhe am obersten Rand der Agrumengärten thront. San Valentino ist bekannter als Beschützer der Liebespaare, weshalb Tourismusmanager Vico auch *Il paese del amore* tauften. Sein Gedenktag ist bekanntlich der 14. Februar. Ein Datum, an dem letzte Eisattacken drohen und zugleich die Freude auf die im März beginnende Ernte aufkeimt. Kein Wunder, dass San Valentino auch zum Patron der Agrumen wurde, dem man für milden Spätwinter dankt und von dem man sich reiche Ausbeute erhofft. Seine Statue in der Pfarrkirche wird alljährlich mit üppigen Girlanden praller Apfelsinen der Weihnachtssorte Duretta dekoriert, bei ungewöhnlich mildem Klima auch aus den *primizie* geflochten, den Erstlingsfrüchten der Blondorangen.

Trotz der geringen Größe der Parzellen, trotz der Mühseligkeiten, die das schroffe Terroir mit sich bringt, trotz der Bedrohung durch Kälteeinbrüche war die Region Gargano einstmals einer der führenden Agrumenexporteure der Welt. Heute haben sich die Produzenten zu einem Konsortium zusammengeschlossen, das sich um die achthundert Hektar Zitruspflanzungen zwischen Vico und Ischitella kümmert und das Gebiet zur *oasi agrumaria* erklärt hat, zur Agrumenoase.

Das hing mit der Qualität der Ware, mit ihrer geringen Schimmelanfälligkeit, der konkurrenzlos späten Ernte (Biondo-Orangen von März bis August, Zitronen noch länger), aber auch mit der verkehrstechnischen Situation zusammen. Während andere Produktionszonen wie Sorrent,

Amalfi oder Sizilien an der tyrrhenischen oder ionischen Westküste liegen, ist das Gargano-Vorgebirge das nördlichste Anbaugebiet an der italienischen Adria. Ein unschätzbarer logistischer Vorteil, da die Früchte seinerzeit noch hauptsächlich per Schiff versandt wurden. Trabaccoli, die typischen hölzernen adriatischen Lastsegelkähne, transportierten die Ladung in dalmatinische Häfen und nordwärts nach Venedig und Triest, von wo aus die k.-u.-k.-Monarchie mit Gargano-Zitronen und Orangen beliefert wurde. Noch als die Eisenbahn gebaut wurde, hielten die erfahrenen Seeleute von Rodi an den altmodischen zweimastigen Schiffen fest, die für die kleine Mole besser geeignet waren. Zu dieser Zeit wurden die Früchte meist südwärts nach Manfredonia zum Güterbahnhof verschifft, um erst nach Neapel und von dort per Schiff nach Amerika gebracht zu werden. 1884 hatten Agrumenhändler lukrative Kontakte mit den USA geknüpft, so dass ein Großteil der heimischen Ernte über den Atlantik ging. Märchenhafte Zeiten: Man erzählt sich, dass sieben Apfelsinenbäume ausreichten, um eine kinderreiche Familie zu ernähren! Der Schriftsteller Riccardo Bacchelli weiß zu erzählen, dass damals der intensive Orangenblütenduft noch unten am Kai von Rodi Tränen in die Augen trieb.

Der Agrumenrausch währte nur kurz: 1897 führten die USA hohe Schutzzölle ein, um ihre neuen Plantagen in Florida und Kalifornien zu protegieren. Mit dem Anschluss von Triest an Italien 1918 verlor zudem die mitteleuropäische Handelsroute ihre Bedeutung. Bis in die 1950er Jahre wurde der nationale Markt noch in bescheidenem Umfang beliefert, für das Ausland waren die unter aufwändigen Bedingungen erzeugten Früchte kaum mehr von Interesse, da sie mit den Früchten anderer Erzeugerregionen nicht konkurrieren konnten. Der Gargano-Tourismus steckte damals noch in den Kinderschuhen und bot kein Auskommen. Scharen von Orangenbauern mussten folglich die Heimat verlassen und suchten ihr Glück in Belgien oder Deutschland. Viele Gärten wurden aufgegeben oder nicht mehr abgeerntet, Trockenmauern stürzten ein, andere als *in coltura mista* zur bäuerlichen Selbstversorgung mit

Weintrauben, Feigen, Nüssen, Mispeln, Artischocken und Tomaten weiterbetrieben. Agrumen wurden wie im Barock wieder eher Zier- als Wirtschaftsfaktor: Bis heute bestehen Einheimische auf der feinen sprachlichen Unterscheidung, dass ihre *agrumeti* keine *orti*, sondern noblere *giardini* seien, also eher Lust- als Nutzgärten.

Gerade das ökonomische Wechselbad hat die Kulturgeschichte dieses Handelsgutes lebendiger gemacht und lässt sie weniger musealiert erscheinen. Ein Paradebeispiel ist das Kontor der 1850 gegründeten Azienda Agricola und Exportfirma Alfredo Ricucci, das sich im Originalzustand erhalten hat. Alte Schwarzweißfotos zeigen Arbeiterinnen, die die Früchte durch Kalibrierringe sortierten, in Seidenpapiere einwickelten und in Kisten verpackten. Auch hier galt Arbeitsteilung. Die Männer waren zuständig für das Bewachen der Bäume, für Schneiden und Ernten und den Transport auf Ruderbooten zu den Trabaccoli. Der Padrone oder ein Aufseher saß in der mit Heiligenbildchen geschmückten Kabine, in der bis heute Geschäftsbücher und Kassenkladden ausliegen. Fotos verflossener Firmenchefs, allesamt Signori in Anzug und Krawatte, schauen auf mit Zitronen gefüllte moderne Plastikkisten und Ausstellungsstücke, auf geflochtene Weidenkörbe, Länderflaggen, Packanleitungen und die Glocke, mit der die Arbeitszeiten ein- und ausgeläutet wurden.

Michele Ricucci, der eine Universitätskarriere ausgeschlagen hat, um sich dem elterlichen Betrieb zu widmen, und lieber in Arbeitskleidung auftritt, ist nicht bange um die Zukunft. Vom bloßen Verkauf der Produkte an Großhändler kann man schon lange nicht mehr leben. Seine Strategie heißt Erhalt des kulturellen Erbes durch Diversifizierung. Er setzt dabei zum Beispiel auf die Olivenrarität Oliarola garganica, die im eigenen *frantoio* kalt zu Olio extra vergine gepresst wird, eine autochthone Sorte von höchster Qualität. Ein Vorteil ist, dass es am Gargano keine großen Agrumenbaumplantagen und dafür desto mehr biologische Landwirtschaft gibt – bisher ist man von Pflanzenkrankheiten wie der Tristezza weitgehend verschont geblieben. Außerdem kann sich die Region singulärer

Varietäten und alter, sehr alter Sorten rühmen. Die ersten Bitterorangen des Gargano wurden bereits von zurückkehrenden Jerusalempilgern mitgebracht, für die die nahe Michaelsgrotte auf dem Monte Sant'Angelo eine Pflichtetappe war. Die samenreiche, vier- bis fünfmal blühende Femminello-Zitrone, die sich hervorragend für Liköre eignet, gilt als eine der ältesten Sorten Italiens. Der Erhalt der Gärten ist nichts weniger als praktizierte Landschaftspflege ohne Wasserverschwendung. Die Foresta Umbra, die sich über der Agrumenzone erstreckt und als größter Laubwald Italiens gilt, sorgt für genügend Nass und Grundwasser, so dass die Bäume auch Trockenperioden gut überstehen.

Dennoch können sich die Zitrusfrüchte des Gargano trotz des EU-Schutzsiegels IGP an Bekanntheit nicht mit denen aus Amalfi oder Sorrent messen. Dafür spielen sie für einen *turismo intelligente*, der nicht ausschließlich auf Sonnenbräune fixiert ist, eine immer wichtigere Rolle. Das Ende April stattfindende Erntedankfest *Sagra delle arance* hat sich zum lukullischen Treffpunkt entwickelt, wo nicht nur frischgepresste Spremuta ausgeschenkt wird, sondern lokale Kochkünstlerinnen und Köche darin wetteifern, für den kulinarischen Parcours raffinierte Häppchen mit heimischen Zitrusnoten zu ersinnen.

Im kollektiven Gedächtnis des auf einer Felsknolle thronenden Badeortes Rodi, der im Wappen ein Trabaccolo-Segelboot und einen Orangenbaum führt, spielt die glorreiche Epoche des Agrumenexports noch immer eine Hauptrolle. Sorgsam gehütete Orangeneinwickelpapiere, auf denen Trachtenmieder tragende Apulierinnen oder Apfelsinenkähne abgebildet sind, gehören zum Dekor mancher Ferienwohnung. In Vico werden Sammler in der Osteria da Federiciano fündig, die den Hof des Hohenstaufenkastells bespielt. Pittoreske Exemplare sind gerahmt und zum Verkauf aufgehängt. *Insomma*, beinahe alle scheinen hier, und sei es noch so enfernt, von Orangenexporteuren oder Zitrusbäuerinnen abzustammen – eine Art örtliches Adelsprädikat.

Pollo agli agrumi
Huhn in Agrumensauce

1 ganzes Huhn
1 Gargano-Orange
1 Gargano-Zitrone
2 EL Honig
2 Knoblauchzehen
Rosmarin
Meersalz
Mühlenpfeffer

Das Huhn mit Meersalz einreiben. Mit den Zesten der Orange und der Zitrone, den geschälten Knoblauchzehen und einem Zweiglein Rosmarin füllen.

In eine eingeölte Bratform geben und bei 175 Grad eine gute Stunde knusprig backen. Ab der halben Bratzeit das Huhn immer wieder mit einer Mischung aus dem mit dem Honig verrührten und gepfefferten Saft der Zitrone und Orange begießen.

Ein Traditionsrezept, das auch mit Mandarinen oder anderen Agrumen mundet.

Himmlische Zitronatzitronen
Kalabriens koschere Früchte

Qui le querce	*Hier sind die Steineichen*
Son forti	*Mächtig*
Sui dirupi	*Über den steilen Klippen*
Ed alto è l'azzurro	*Und hoch steht das Blau*
Delle primavere	*Deiner Frühlinge*
Sul cedro sacro	*Über der heiligen Zederfrucht*
Delle tue fiumare.	*Deiner Wildbachtäler.*

Franco Galiano, Inschrift an einer Mauer in *Maierà* (1997)

Die teuerste Frucht der Welt reift im Hinterland des Badeortes Diamante an der kalabresischen Riviera. Für ein makelloses Exemplar einer Zitronatzitrone, im Italienischen kurz *cedro* genannt, zahlen von weither angereiste orthodoxe Rabbis bis zu sechzig Euro. Der Preis kann um mehr als das Zwanzigfache steigen, wenn die hebräisch *etrog* genannten Agrumen Gemeinden in der weltweiten Diaspora, speziell aber in den USA, Argentinien oder Brasilien angeboten werden. Der Grund für die exorbitanten Summen liegt nicht nur in der außergewöhnlichen Ebenmäßigkeit der kannelierten ovalen Sorte, in ihrem

Vitamingehalt und dem Duft ihrer ätherischen Öle, sondern vor allem in einer nachhaltigen Auszeichnung, wie sie von weiter oben nicht kommen könnte. Gott persönlich hat im Dritten Buch Moses (Leviticus 23,40) kanonisiert, mit welchen vier Pflanzen das Laubhüttenfest (*sukkot*) zu feiern sei: mit *lulav* (Palmwedel), *hadas* (Myrte) und *aravah* (Weide) und in jedem Fall mit der Paradiesfrucht der »schönen Bäume«, für die jüdische Handwerker silberne Etrog-Büchsen fertigen. Der himmlische Beistand beschränkt sich nicht auf diesen alttestamentarischen Beleg, wie die Rabbinerin Barbara Aiello zu berichten weiß. Die Amerikanerin betreibt in dem Bergdorf Serrastretta bei Lamezia eine liberale Thoraschule und versucht, wieder an das reiche jüdische Kulturleben Kalabriens anzuknüpfen, das 1492 durch die Ausweisung aller Juden aus den Gebieten der spanischen Krone brutal abgewürgt wurde. Nach der Überlieferung flog während der Babylonischen Gefangenschaft ein Engel nach Kalabrien und pflanzte einen Spross der Zitronatzitrone an diesen südlichen Küsten ein. Durch diesen göttlichen Gnadenakt haben die *cedri* Jerusalems und Kalabriens gleichen sakralen Rang, ist auch Kalabrien heiliges Gefilde. Da überrascht es nicht, dass Aschenez oder Aschkenas, der Urenkel Noahs, als mythischer Gründer von Reggio di Calabria gilt.

Mangels präziser Quellen ist schwer zu belegen, ob die Zitronatzitronen der Riviera dei Cedri tatsächlich auf biblische Zeiten zurückgehen. Gesichert ist, dass sich schon der berühmte Bibelkommentator Raschi (1040–1105), der in Worms und Troyes lehrte, kalabresische Etrogim senden ließ. Rabbis aus dem zaristischen Russland oder der Habsburger Monarchie deckten sich eher mit Früchten vom näher gelegenen Gardasee oder aus Ligurien ein – noch heute werden italienische (einschließlich der kalabresischen) Exemplare in den USA gerne mit dem Begriff *yanover etrogim* angeboten – das jiddische Wort für den Seehafen Genua!

Bereits damals war die heilige Frucht kostspielig. In Odessa wurden Fabelpreise aufgerufen, und die Juden Galiziens wurden unter Maria Theresia gezwungen, so hohe »Luxussteuern« auf die Einfuhr zu zahlen, dass zuweilen eine einzige Zitronatzitrone mehrere Gemeinden liturgisch versorgen musste. Die heutige innige Handelspartnerschaft mit Kalabrien dürfte erst auf die 1960er Jahre zurückgehen, als Zug oder Flugzeug den schnellen Transport der Früchte ermöglichten. Die meist aus den USA angereisten chassidischen Spezialisten verbringen Ende Juli bis Anfang September Stunden in den *cedraie*, um mit Lupenprüfung jene Exemplare auszuwählen, die den strengen rituellen Vorschriften genügen. Ein Etrog muss absolut unversehrt sein, darf keine Schraffuren oder rauen Pocken aufweisen, und der *pitam*, die verjüngte Spitze, muss Spuren der Blüte bewahren. Extrem wichtig ist, dass die Engelsgenealogie durchgehalten wird. Folglich dürfen koschere Cedratzitronen nicht, wie sonst fast alle Agrumen, auf Pomeranzenstämme aufgepropft worden sein, was die Pflanzen widerstandsfähiger machen würde.

Sono come bambini, wird von ihnen gesagt, sie sind delikate Geschöpfe, die unermüdliche Fürsorge brauchen. *Cedri* sind empfindlich gegen Temperaturunterschiede und kränkeln bei zu viel Sonne; gottlob höchst seltene Kälteeinbrüche unter drei Grad minus sind angesichts des Freiluftanbaus bedrohlich. Die Schutzstrategien waren (und sind es teilweise noch immer) arbeitsaufwändig. Im Winter wurde jeder einzelne Baum in Schilfhüllen eingewickelt. Die Bäumchen wurden bewusst so niedrig gehalten, dass die Ernte kniend, wenn nicht gar auf dem Rücken liegend erfolgte. *Agrumicultura eroïca!* Der Grund für diese Plackerei: je erdnäher, desto weniger waren die Agrumen Temperaturschwankungen ausgesetzt. Erschwerend hinzu kommen die zahlreichen, bis zu sechs Zentimeter langen Dornen. Ältere Bauern können ein Lied davon singen, wie oft sie sich an den ätzenden Spitzen verletzt haben. Der Dornenreichtum hat Priester bewegt, der Frucht eine christliche Martyriumsikonologie zuzuschreiben. Es war der weitsichtige Ortspfarrer Don Francesco Gatto, der vor gut fünfzig Jahren den Anstoß dazu gab, dass der Hauptort des Cedro-Anbaus seinen putzigen Namen Cipollina (Zwiebelchen beziehungsweise Schnittlauch) gegen das werbeträchtigere Santa Maria del Cedro eintauschte.

Seit vielen Jahren ist das Geschäft mit den Etrogim ein wichtiges Standbein für das Überleben und Gedeihen dieser singulären Agrumenkulturen – circa 35 000 *cedri* bestehen den strengen Schönheits- und Reinheitstest und werden jährlich von Rabbis aufgekauft. Über Jahrhunderte lieferte die dicke Schale, die zu Zitronat kandiert wurde, den Hauptverdienst. Der dazu nötige Rohrzucker, den einst die Araber eingeführt hatten, wurde erfolgreich in Süditalien kultiviert, bis die Konkurrenz brasilianischer Sklavenplantagen die Produktion unrentabel machte. Das Museo del Cedro, das fundierte Spezialführungen anbietet, nutzt sinnigerweise den Komplex einer barocken Zuckerrohrfabrik.

Mit der italienischen Einigung verschob sich das ökonomische Gleichgewicht in Richtung kolonialer Wirtschaftsformen. Der Süden produzierte den Rohstoff Zitronatzitrone, dabei wurden die Früchte in einem ersten Arbeitsschritt wie seit der Antike in Salzwasser eingelegt – muschelüberkrustete Reste der Mole, von der die Zitronatzitronenklipper ablegten, ver(un)zieren noch heute den Sandstrand von Santa Maria del Cedro Marina. Die norditalienische Lebensmittelindustrie kandierte, aromatisierte Panettoni und Biscotti damit, füllte Limonaden ab, wie die Firma Cedral Tassoni in Salò, die den Bedarf für ihre Cedrata-Limonade längst nicht mehr am Gardasee decken kann.

Kandiertes ist aus der Mode. Nicht nur die DDR fabrizierte Ersatzzitronat aus grünen Tomaten oder künstlichen Aromen für ihre Weihnachtsstollen. Echtes Zitronat ist selten geworden in unseren Backstuben. Als Folge der verringerten Nachfrage schrumpfte die Anbaufläche auf ein Zwanzigstel. Erst in den allerletzten Jahren ist eine leichte Trendumkehr zu beobachten. Wertschöpfung vor Ort zu ermöglichen und das touristische Potential auszureizen, das wird als neue Strategie ausgegeben.

Immerhin reifen die *cedri* in einer spektakulären Landschaft, einem großzügigen Küstentheater. Im Norden die blauenden Vorgebirge der Basilikata und des Badeorts Maratea, zu Füßen der Haine das unbewohnte Felsinselchen Cirella und die Silhouette der von napoleonischen Truppen in Brand gesetzten Geisterstadt Cirella, im Süden die bunte

Ordnung unzähliger Sonnenschirme und Sandstrände, die zur markanten Kulisse Diamantes hinleiten. Landeinwärts die steil zu beiden Seiten einer karstigen Klamm gestaffelten Felsnester Maierà und Grisolia. Schließlich im Hintergrund die bis in den Mai hinein schneebedeckten Gipfel des Pollino-Naturparks, die mit ihrem Wasserreichtum dafür sorgen, dass die durstigen *cedri* im Schutz der Flusstäler des Abatemarco und Lao besonders gut gedeihen.

Der Aristotelesschüler Theophrast bestritt die Essbarkeit des »medischen Apfels«. Er irrte. Längst setzt man nicht mehr nur auf Essenz und Wohlgeruch. Ein Gourmettempel, der die reichen Verwendungsmöglichkeiten der Zitronatzitrone auslotet, ist die Bar und Pasticceria Aronne direkt am Bahnhof des Ortsteils Marcellina. Padrone Gino Barone, fernseherprobte Cedro-Autorität, verweist auf sein umfassendes Sortiment, das von Cedro-Sorbet bis zu Zitronatzitroneneiscreme, von Mandel-Cedro-Marzipan bis Zitronatzitronentorte oder ganz klassisch grünschillernden kandierten halben Cedratzitronen reicht, die er auch in seinem Panettone verarbeitet. Unten am Meer drängen sich Fernfahrer und Beachboys, die in der nächsten Bar an der Uferschnellstraße warme Cornetti mit Zitronatzitronencreme frühstücken oder Yoghurt al cedro löffeln.

Der Bergort Santa Maria del Cedro präsentiert sich ein wenig hermetisch. Aufdringliche Werbung ist hier nicht angesagt, eher verblassende Murales, die die Mühen und Freuden des Zitronatzitronenanbaus einfangen. Kaum ausgeschilderte Familienmanufakturen füllen Cedro-Likör ab und erklären, dass die grün geerntete Frucht eine intensiver duftende Schale aufweist, während die gelb ausgereifte für Modespeisen wie Zitronatzitronencarpaccio vorzuziehen ist. Die Trattoria Vecchio Casale auf der winzigen Piazza, die man nach Einbahnstraßenhaarnadelkurven erreicht, bietet nicht nur Lokales wie Stockfisch mit knuspriger Backpaprika an. Der Padrone hat sich ein Menu zum Thema Cedro ausgedacht, das auf Vorbestellung serviert wird: Meeresfrüchterisotto mit Zesten, in Zitronatzitronenblätter gehüllte Goldbrasse oder grüne Ricotta, aromatisiert mit Cedro-Sirup.

Spinaci alla Corradina
Spinat nach Art von Vincenzo Corrado

Die Spinatblätter werden blanchiert, gebuttert, gehackt und mit etwas Kalbsfett, kandierter Zitronatzitrone, Parmesan und Gewürzen zu Pesto verarbeitet. Dann werden sie mit Dottern, Sahne und Milch abgeschmeckt und in einem Topf mit etwas Bröseln aufs Feuer gestellt, so dass sie sich zu einer Creme verdichten. Man breitet sie auf einer Platte aus, lässt sie erkalten und fest werden, schneidet sie in Quadrate oder längliche Stücke, »vergoldet« sie mit Dottern und Bröseln, brät sie und serviert sie warm mit Sahne.

Apartes Rokoko-Rezept aus dem *Cuoco Galante* (1773) des Neapolitaners Vincenzo Corrado.

Bergamotto
Der Duft Kalabriens

Gloria lemonum fructus inter omnes nobilissimus
Glorie der Zitronen und edelste aller Früchte

Johann Christoph Volkamer,
Hesperidum Norimbergensium (1713)

Das Städtchen mit dem poetischen hellenischen Namen Bruzzano Zeffirio liegt an der Jasminküste ganz tief im Süden der Apenninenhalbinsel. Es ist von immergrünen Gärten umgeben, in denen die seltene Agrumensorte Bergamotte reift.

Der Hafenvorort Marinella bietet nicht viel mehr als eine Reihe nüchterner Nachkriegsbauten entlang der Küsten-Superstrada nach Tarent, die trotz ihres Namens auch außerhalb der Ortschaften kaum mehr als sechzig Stundenkilometer erlaubt. Von der Hitze aufgesprungener Teer auf den Parkplätzen der benachbarten Strände. Der Staat ist im äußersten Vorposten des Mezzogiorno nicht sehr präsent. Dafür ist der Service auf den sauber herausgeputzten Terrassen der wenigen *stabilimenti balneari* freundlich, der Fisch fangfrisch, die gegrillten Lammspießchen köstlich, der Landwein authentisch – und dass man sich mit dem Signore, der sich als Wirt der Trattoria entpuppt, auf Deutsch über die Freuden und Probleme der Welt austauschen kann, vermittelt einem schnell das Gefühl, willkommen zu sein. Denn diese Gegend ist oder besser war Gastarbeiterland – viele sind zurückgekehrt und sprechen immer noch mit schwäbischem, hessischem oder Ruhrpottakzent.

Bruzzano Zeffirio selbst liegt ein paar Kilometer landeinwärts am Fuße des Aspromonte-Gebirges – eine Position, die den Bewohnern Schutz vor Malaria und den häufigen Überfällen nordafrikanischer Piraten bot. Olivenhaine, Weinberge, hin und wieder ein Mispel- oder Aprikosenbäumchen inmitten ausgedehnter Anpflanzungen von Bergamotten. Das Erdbeben von 1908, das Messina und Reggio Calabria nahezu vollständig zerstörte, hat auch hier gewütet. Außerhalb des neuen Ortskerns hat ein barocker Torbogen das Beben überstanden, aber ansonsten gibt es keine Baedeker-Sehenswürdigkeiten, ja kaum Gaststätten. Dafür Dorfläden, die winzige Wildartischocken (*zinurra*) selbst einlegen, für die man in Mailand ein Vermögen ausgeben müsste, eine Bar, die grobe, mit scharfen Peperoncini gewürzte Bratwurst grillt und dazu Bergamottenlimonade und selbstgekelterten Wein ausschenkt. Ein Ort ohne Tamtam, dafür mit ziemlich ausgefallenen Produkten, die man in dieser Qualität kaum anderswo bekommt.

Das gilt auch für die Bergamotten. Nachdem der Consorzio, die örtliche Genossenschaft, aufgrund der sinkenden Nachfrage nach Parfumessenzen zusammengebrochen war, hat der Bergamottenbauer Giuliano Romeo die aufgegebene Lager- und Abfüllhalle wieder unter dem Firmennamen Valle Armenia in Betrieb genommen. Giuliano vertreibt Pasta al bergamotto und ausgefallene Getränke wie ein zucker- und süßstofffreies Bergamottenelixir mit Auszügen von Olivenblättern oder naturvergorenen puren Bergamottensekt mit dem verführerischen Namen Romeo.

Nach diesen Feldforschungen ist Zeit für die Theorie und den zweitwichtigsten Besuchermagneten von Reggio di Calabria. Die nackten attischen Bronzekrieger im Museo

Archeologico Nazionale nehmen natürlich Platz eins ein, aber gleich dahinter rangiert schon das Museo del Bergamotto. Professor Vittorio Caminiti, ein Pionier der kulinarischen Entdeckung und Aufwertung kalabresischer Produkte, hat eine umfangreiche Sammlung aufgebaut, in der man Stunden verbringen könnte, und als Spiritus rector eine Accademia del Bergamotto gegründet. Bergamotten, so erfährt man hier, gedeihen in dieser sensorischen Güte nur auf einem schmalen Küstenstreifen zwischen Villa San Giovanni, Melito di Porto Salvo und Gioiosa Ionica. Genauer gesagt in den wasserreichen Mündungsgebieten und geschützten Schwemmlandfächern der *fiumare* genannten Bergflüsse. Temperaturunterschiede vertragen sie nur schlecht. Ihre Blütezeit ist Ende April und Mai, von November bis März kann geerntet werden. Die Schale der noch grünen Früchte ist aromenreicher, wird für Liköre und Duftöle verwendet. Gelb ausgereifte Exemplare eignen sich eher zum Verzehr.

»Ich habe einen Duft gefunden, der mich an einen italienischen Frühlingsregen erinnert, an Bergnarzissen, Orangenblüten kurz nach dem Regen. Er erfrischt mich, stärkt meine Sinne und Phantasie«, so schwärmte der aus der Lombardei stammende Parfümeur Johann Maria Farina 1708 von seiner bahnbrechenden Erfindung, die er nach seinem Wohnort Köln Eau de Cologne benannte. Der Clou des neuen, aus verschiedensten Agrumendüften zusammengesetzten Wunderwassers (*aqua mirabilis*) waren Bergamottenessenzen, die zunächst in kleinen Mengen aus norditalienischen Gärten bezogen wurden. Ein Narkotikum für Könige und Kaiser. Ludwig XIV. war dem Duft ebenso verfallen wie Napoleon, der angeblich täglich mehrere Fläschchen Eau de Cologne trank (*mon parfum!*). Die Kustodin Madame Thierry evoziert Episoden der einträglichen Erfolgsära, die 1750–1950 währte und in der Parfümmacher die Öle der nun verstärkt in Kalabrien angebauten Bergamotten mit Gold bezahlten. Stanislaus Leszczyński, König von Polen und Herzog Lothringens, wird von der Werbung als Urvater all der Bergamottenbonbons vereinnahmt, die heute als süßes Souvenir in seiner Residenz Nancy verkauft werden – waren die Ur-Madeleines, die an seinem Hof erfunden wurden, schon mit diesen Agrumen verfeinert?

Bis in die 1990er Jahre wurden Bergamotten fast nur wegen ihrer ätherischen Öle kultiviert. Die von den Einheimischen *spirito* genannte Flüssigkeit war so exorbitant teuer, dass angeblich die Trägerinnen, die die Fruchtkörbe auf dem Kopf schleppten, sich besonders heftig in den Hüften wiegten: Nicht, um bequemer die Last zu stemmen, sondern damit die Früchte sich aneinander reiben und Bergamottenöl auf die Kopftuchknäuel tropft, die unter die Körbe gelegt wurden. Wrangen sie ihre Tücher zu Hause aus, konnten sie eventuell ein paar Tropfen gewinnbringend weiterverkaufen oder hatten zumindest wertvolle Medizin daheim. Die knickrigen Besitzer der Ernte unterbanden diesen Trick, indem sie Folien in die Körbe legten.

Dazu gesellte sich eine Lügenerzählung, die abschrecken und so das Obst vor Diebstählen schützen sollte: Bergamotten, die manchmal streng duften, seien giftig und ungenießbar. Nicht alle haben das geglaubt, Bergamottensaft galt durchaus als probates Heilmittel gegen Fieber. In der Küche spielte die Bergamotte bis in die 1990er Jahre praktisch keine Rolle, abgesehen von ein paar Likören, die aus den Überbleibseln abgeriebener Früchte hergestellt wurden.

Bahnbrechend war 1844 Nicola Barillàs Erfindung der Macchina calabrese. Sie mechanisierte den Extraktionsprozess mittels eines Räderwerks, das mit Metalllamellen die Schalen der gewässerten Früchte abrieb. Das Endprodukt wurde durch Zentrifugierung gewonnen. Vorher war das meist Aufgabe der Frauen gewesen, die nachts bei Kerzenlicht arbeiteten – bei Sonnenschein wäre zu viel von der kostbaren Essenz verdunstet. Sie halbierten die Früchte, schabten das Innere aus und rauten die Schalen mit Schwämmen auf, um die kostbaren Duftstoffe darin aufzufangen. Das ausgewrungene Öl wurde durch Stoffbeutel filtriert.

Es gibt mehr zu sehen in den Sälen des Museums: Bergamottenprodukte von einst und jetzt aus aller Herren Länder; Fotos von Bergamottendampfern, die auf der sizilianischen Seite der Meerenge von Messina Richtung Britische

Inseln ablegten – die Fracht der verlöteten Metallkanister wird beim Umladen von Aufsehern streng bewacht. Nicht nur die Kosmetikindustrie zahlte gut, auch die englische Vorliebe, Tee mit Bergamottenöl zu versetzen, garantierte erhebliche Gewinne.

Bis in den 1970er Jahren synthetische Ersatzstoffe aufkamen und riesige Marktanteile wegbrachen – viele Parfums und Großteile des Earl Grey sind heute mit Laboressenzen aromatisiert. Auf den Pflanzungen entstanden Hochhaussiedlungen, Auswucherungen der einstigen Gartenstadt Reggio.

Ein Schock für die Branche. Es brauchte lange, bis der neugegründete Consorzio di tutela del Bergamotto den Schutz der echten Essenz energisch in die Hand nahm. Und bis man über alternative Verwendungsmöglichkeiten in der Küche nachdachte. Denn natürlich sind die Früchte nicht giftig, aber manchmal etwas bitter. Jetzt, da Bergamotten günstig zu erwerben waren, begann man Konfitüren und Sirups herzustellen, grüne kandierte Schnitze in Schokohüllen zu tauchen und *Gelato* damit zu aromatisieren. Mittlerweile führen die Ideen manchmal zu bizarren Produkten wie Mortadella vom schwarzen Sila-Schwein, die statt mit Pistazien mit kandierten Stückchen von der Bergamotte gespickt ist.

Mehr über die Geschichte der Bergamotte erfährt man in *Storia fantastica del Bergamotto di Reggio Calabria*, so der Titel eines 2021 erschienen Büchleins. Autor ist Filippo Arillotta, der Latein und italienische Literatur am örtlichen *liceo* lehrt. Mit etymologischer Akribie ist er dem Terminus Bergamotte und seiner umstrittenen Herkunftsgeschichte nachgegangen. Die häufig behauptete Provenienz aus den Kanaren verweist er ins Reich der Legende. Nicht nachvollziehbar ist ebenfalls, dass sie ausgerechnet in dem andorranahen katalanischen Städtchen Berga angebaut worden sein sollen und von dort ihren Namen erhielten. Und bei den Bergamini canditi, die der Papstkoch Bartolomeo Scappi 1536 beim zweihundert Gänge umfassenden Fastenmenu Kaiser Karl V. auftischen ließ, handelt es sich wohl um Birnen. In der Renaissance war diese seltene, durch

Lagerung nachreifende Birnensorte wegen ihres durchdringenden Duftes gesucht und wurde ähnlich wie Lavendel zur Parfümierung von Wäschetruhen verwendet. Ihren Namen hat sie von der türkischen Heimat – *beg armudi* bedeutet Prinzenbirne, klingt aber auch an das levantinische Wort für das antike Pergamon an: Bergama.

Dieser Duft dürfte die Namensübertragung auf die Zitrusbergamotte ausgelöst haben, da die Birne ähnlich rund ist. Humbug hingegen ist die barocke Behauptung, die Frucht sei durch Aufpfropfen eines Zitruszweigs auf den Stamm eines Birnbaums entstanden – heute geht die Fachwelt davon aus, dass eine Pampelmuse auf eine Zitronatzitrone gepropft wurde und/oder dass es sich um eine Spontanmutation handelt. Die ersten Erwähnungen kalabresischer Bergamotten gehen jedenfalls erst auf die zweite Hälfte des 17. Jahrhunderts zurück. Schon vorher sind Bergamotten in Villen der Medici oder in Genua nachweisbar, aber noch kein Freilandanbau im großen Stil. Heute produziert Kalabrien geschätzte neunzig Prozent des Weltbedarfs.

Nach so viel Detailwissen ist ein Spaziergang fällig über den zentralen Corso Garibaldi, der im Jugendstil nach dem Erdbeben 1908 wieder aufgebaut wurde. Er ist in eine Fußgängerzone und Flaniermeile mit Boutiquen und Bars verwandelt worden. In der Pinacoteca Civica im Seitentrakt des Opernhauses ist eine Ausstellung Umberto Boccioni gewidmet. Sein Läufer von 1913, der den verkopften Titel *Forme uniche della continuità nello spazio* (Einzigartige Formen der Kontinuität im Raum) trägt, ziert die Rückseite der 20-Cent-Münze. Dieser frühverstorbene Sohn der Stadt (1882–1916) konnte auch weniger futuristische Sujets malen. Sein Gemälde *La risata* (Das Gelächter, 1911) leuchtet in wilder fauvistischer Farblichkeit, verschachtelte Barszenen, camparirote Cocktailgläser, eine hingelagerte Beauté mit rotem Hut und scharlachroten Lippen, und *centralissimo*: vier orange Orangen. Eine Hommage des Künstlers, der nach Paris und Norditalien übergesiedelt war, an seine agrumenduftgeschwängerte Heimat?

Campari jedenfalls hat hier kaum Konjunktur. Reggios Baristi und Baristinnen setzen lieber auf regionale Cocktails wie Bergamottataspritz, alternativ wird eisgekühltes ungefiltertes Craftbeer mit Bergamottenaromen angeboten.

Kein Reggiobummel ohne den Lungomare dello Stretto mit Ätnablick. Auf dem schönsten Kilometer Italiens, so der abbruzzesische Poet und Weltkriegsflieger Gabriele D'Annunzio, wechseln sich heroische Denkmäler, *modern art* und riesige tropische Feigenbäume ab. Vor dem grünen Kiosk gleich neben der Stele des Sängers Ibykos, dessen Schicksal Friedrich von Schiller zu einer seiner packendsten Balladen inspirierte, hat sich wie fast immer eine Schlange gebildet. Sie schiebt sich geduldig vorwärts in der Hoffnung auf ein Eis der 1918 gegründeten Gelateria Cesare. Die Favoriten? Scilla e Cariddi, das in homerischer Gelehrsamkeit – Odysseus musste sich ja mit den an der Meerenge zwischen Kalabrien und Sizilien lauernden Seeungeheuern Skylla und Charybdis herumschlagen – sizilianisches Mandeleis mit kalabresischen Pistazien und natürlich Bergamotten verbindet.

Ausklang: ein Ausflug ins Hinterland zu einem in der Welt einzigartigen Betrieb, der durch die Initiative eines Ortspriesters entstand. Don Antonino De Masi rettete ein aussterbendes Volkshandwerk. Im 3000-Seelen-Städtchen Varapodio an den nördlichen Ausläufern des Aspromonte werden von den Damen der Familienmanufaktur BergArte Konfektschachteln für Hochzeitspaare, Schmuckdöschen und traditionelle Tabaksbeutel aus getrockneten Bergamottenschalen fabriziert. Lange vor Earl-Grey-Tee, der erst um 1830 im Hause Twinings erfunden wurde, war das Inhalieren von Schnupftabak mit Bergamottenflavour ein Ausweis männlichen Lifestyles. Nicht nur englische *milordi* hatten eine Vorliebe für diese olfaktorischen Reize. Von der Feldarbeit erschöpfte oder hungrige Bauern frischten ihre Kräfte dadurch auf, dass sie an einer Bergamottenschale schnüffelten. Man kann es ausprobieren. Der Duft von Bergamotte belebt immer noch Geist und Körper.

Spezzatino di tonno al bergamotto
Thunfischstücke mit Bergamotte

600 g Thunfisch
4 weiße Zwiebeln
50 g Pinienkerne
2 EL Bergamottensirup
50 g kandierte Bergamotte
Zitronensaft
Orangensaft
Olivenöl
Meersalz
Mühlenpfeffer

Den Thunfisch in Stücke schneiden, salzen und in Olivenöl rosig anbraten. Mit Orangensaft ablöschen.

Die Zwiebeln kleinschneiden, salzen und pfeffern und mit der gewürfelten Bergamotte in Olivenöl glasig schmoren. Den Bergamottensirup einrühren.

Thunfisch und Zwiebeln vermengen und mit ein paar Spritzern Zitronensaft abschmecken.

Mit den gerösteten Pinienkernen garnieren.

Kreative kalabresische Variante eines catanesischen Thunfischgerichts, das ursprünglich mit süßen Schmorzwiebeln und Kapern zubereitet wurde.

Mandarinen und Pomeranzen
Die Agrumeninsel Sizilien

Quel profumo islamico
Giuseppe Tomasi di Lampedusa, Il Gattopardo (1958)

Natürlich ist das nur Zufall: Das Wappen Siziliens zeigt neben dem byzantinisch-staufischen Doppeladler die Farben Gelb und Rot. Zitrone und Blutorange! Auch wenn das eine falsche heraldische Deutung des von der mittelalterlichen aragonesischen Dynastie übernommenen Streifenschilds ist, so passen die Farben trotzdem perfekt zur Agrumeninsel.

827 begannen die tunesischen Aghlabiden mit der Eroberung. 831 fiel Palermo, das die islamischen Herrscher zur neuen Kapitale machten. *Balarm* war von Tunis aus einfacher zu erreichen als die byzantinische Inselhauptstadt Syrakus, die zunächst noch nicht eingenommen war. Dass Palermo dauerhaft Regierungssitz blieb, hat unter anderem ästhetische, ja pomologische Gründe.

Die Sarazenen, für die *Siqelia* zur großen Oase wurde, erkannten und schätzten die idealen klimatischen Bedingungen für den Pomeranzenanbau, die Palermos wasserreiche, durch hohe Bergkämme vor kalten Winden geschützte Bucht bot. Abertausende Bitterorangenbäume prägten Umland und Gärten der arabischen Metropole, die mit über 100 000 Einwohnern damals deutlich größer war als jede deutsche Stadt. Ihrer goldorangen Farbe verdankt die ausgedehnte Bucht bis heute den Namen Conca d'Oro, die Goldene Muschel. Apfelsinenbäume gediehen in den Höfen von Hunderten Moscheen. Sie umstanden die Lust- und Jagdschlösser der moslemischen Emire und ihrer normannischen Nachfolger, wie die gut konservierte Zisa oder das Castello di Maredolce, das nach einem verschwundenen See benannt ist. Dieses auch als Castello di Favara bezeichnete »Quellenschloss« war eine Residenz des Normannenkönigs Roger II. (regierte 1130–1154), der den üppigen Lebensstil des islamischen Siziliens nachahmte. Sein Hofdichter Abd-ar-Rahmân, nach seinem Geburtsort Trapani den Beinamen *al-trabanishi* tragend, ließ sich von dem märchenhaften Ambiente zu einem seiner schönsten Gedichte inspirieren:

Favara mit den zwei Seen, alles, was man
Ersehnt, ist in dir; linder Blick und wundersames Schauspiel.
Deine Wasser fließen in neun Bächlein:
Oh wie schön die geschiedenen Ströme!
Wo Deine Seen sich treffen,
da lagert die Liebe, und auf deinem
Bette macht es sich die Passion bequem.

Es scheint, als ob die Bäume Äste reckten,
um die Fische des Wassers zu sehen und zu lächeln.
Sanft schwimmt der Fisch in klaren
Wogen, die Vögel zwitschern in des Parkes Wiesen.
Die stolzen Orangen der Insel scheinen
brennendes Feuer auf Smaragdruten.

Die Zitrone scheint blaß
Wie ein Liebender, der die Nacht
Sich härmend aus Sorge um die ferne Geliebte verbracht ...

Ein Idyll uralter beduinischer Wüstensehnsucht nach frischem Wasser. Bis heute lässt sich an dem teilweise in Betrieb befindlichen Wasserleitungssystem der Qanat-Tunnel und Röhren ablesen, mit welch spezialisierten technischen Kenntnissen maghrebinische Fellachen die Gärten mit dem nötigen Nass versorgten.

Verspeisen ließen sich die bitteren Pomeranzen zunächst nicht. Sie dienten hauptsächlich als schattenspendende Zierpflanzen, die mit ihrem narkotischen Wohlgeruch islamischen Idealvorstellungen eines Gartens entsprechen. Er soll so durchdringend gewesen sein, dass die Einwohner von Monreale die Fenster schlossen, um dem konzentrierten Schwall hesperidischer Düfte zu entgehen. Der Geschichtsschreiber Hugo Falcandus (12. Jahrhundert) bringt das Verhältnis von Zier- und Speisepflanze auf den Punkt: »Du könntest die großen Lumia-Zitronen sehen, die wegen ihrer Säure geeignet sind, den Speisen Aroma zu verleihen, und die dichtgewachsenen Orangen, innen mit weniger herbem Saft, die den Blick mehr mit ihrer Schönheit erfreuen, als dass sie zu etwas anderem nützlich erschienen.« Irrtum: Mit dem Rohrzucker, den sarazenische Bauern im 9. Jahrhundert erstmals in Europa anpflanzten und der im 14. und 15. Jahrhundert zu einem der wichtigsten Exportgüter wurde, ließ sich eine neue Delikatesse herstellen: Orangeat aus kandierten Schalen der Pomeranzen.

Die markanteste Novität des 16. Jahrhunderts auf dem Agrumensektor sind süße indische Früchte, die im spanischen Sizilien heimisch wurden. Sie erfrischten in Scheiben geschnitten als Salat mit Zwiebeln und Olivenöl. Ihr Saft wurde als Sauce zu Fisch und Braten gereicht, und die Kunstfertigkeit der Eismacher sorgte dafür, dass gekühlte Granita aus Zitronensaft von der Adelsdelikatesse zur Volksleckerei arrivierte.

Im 19. Jahrhundert stieg Palermo in den Großhandel mit Zitrusfrüchten ein. Neue Transportmittel erschlossen neue Absatzmärkte und machten den Fernhandel rentabel. Die riesigen Orangenpflanzungen entzückten die Reisenden. Ein ekstatisches Erlebnis brachte 1886 Guy de Maupassant zu Papier:

Wenn man den Konvent verlässt, dringt man in den Garten ein, von dem aus man das ganze Tal voller Orangenbäume in Blüte überblickt. Ein durchdringender Hauch steigt empor von dem balsamierten Hain, ein Hauch, der den Geist trunken macht und die Sinne aufwühlt. Das unbestimmte und poetische Sehnen, das die menschliche Seele fortwährend heimsucht, das an ihr nagt, beängstigend und kaum fassbar, scheint auf dem Punkt angelangt zu sein, wo es sich realisiert. Dieser Duft umhüllt Euch sofort und mischt das delikate Gefühl der Parfums mit der Künstlerfreude des Geistes, er schleudert Euch innerhalb weniger Sekunden in ein Wohlgefühl der Gedanken und des Körpers, das dem Glück gleichkommt.

Heute ist vom Weichbild der Conca d'Oro nicht viel geblieben. Bauspekulation, massiver Zuzug nach dem Zweiten Weltkrieg und unachtsame Stadtpolitik haben das einst riesige Orangenareal zerstückelt. Böse Zungen sprechen von der *Conca di cemento*. Immerhin ist das vermüllte Flussbett des Oreto vor einigen Jahren unter der Ägide des Reformbürgermeisters Leoluca Orlando gereinigt worden. Entlang des sich windenden Flussverlaufs haben sich im unwegsamen Gelände kleinere Parzellen erhalten.

Ein weitgehend unbekanntes Agrumengebiet erstreckt sich in Palermos östlichem Vorort Ciaculli. Am Fuß steiler Kalksteinwände staffeln sich grüne Terrassen, die mit Mandarinenbäumchen bewachsen sind. Die Gegend soll von wilder Zersiedlung verschont geblieben sein, erzählt Professore Giuseppe Barbera, Doyen der sizilianischen Agrumenforschung, weil die Pflanzungen jahrelang unter dem legendären Mafiaboss Michele Greco (1924–2008) als Tarnung für geheime Drogenlabore herhalten mussten.

Heute ist Ciaculli kein Carabinieri- und rechtsfreier Raum mehr. Die Mandarinenbauern haben es trotzdem nicht leicht.

Beginnen wir chronologisch. Anfang des 19. Jahrhunderts ließen britische Gouverneure die aus China stammenden Mandarinen zunächst auf Malta anpflanzen. Bald verbreitete sich die neue Frucht in der Conca d'Oro. Klassische Erntezeit war Ende Oktober bis Weihnachten. In den

1940er Jahren kam es zu einem pomologischen Glücksfall: Eine genetische Spontanvariante brachte Früchte hervor, die erst im März und April reifen. In Zeiten, als es noch kaum chemische Konservierung und Kühlhäuser gab, ein entscheidender Marktvorteil. Die kurze Mandarinenernte wurde enorm gewinnbringend verlängert. Kein Wunder, dass die 1960er Jahre einen Boom der spätreifenden *mandarini tardivi* erlebten, die so teuer waren, dass bis heute spitze Scherben auf den hohen Gartenmauern der Grundstücke im Sonnenlicht blitzen – wer auf dem *carretto*, dem bis in die 1970er Jahre üblichen Eselskarren, stehend über die Mauer griff und einen Korb aberntete, hatte in wenigen Minuten den Tagesverdienst eines Feldarbeiters beisammen. Die Auftragsbücher dokumentieren Lieferungen nach Deutschland, Skandinavien und auf die Britischen Inseln. Die grünen Mandarinensäume am Rand der zuzementierten Vororte Villagrazia und Ciaculli künden noch heute davon, mit welcher Energie damals Platz geschaffen wurde. Man sprengte Terrassen aus dem Fels, um noch einige Quadratmeter zu gewinnen, und schichtete nach jahrtausendealter Technik Trockenmauern auf, um den Humus trotz der üppigen winterlichen Regenfälle zu halten.

Il nostro bollino è il seme – unser Markenzeichen, unsere Qualitätsgarantie sind die Kerne, betont trotzig Giovanni D'Agati, der das 1999 gegründete Consorzio von zumeist Kleinbauern leitet. Eine beherzte Offensivstrategie, greift sie doch klar das scheinbare Manko der Mandarinen auf. Denn ab den 1970er Jahren hat ein Konkurrent, die kernlose Clementine, den Anbau fast zum Erliegen gebracht.

Eindringlich schildert Signor D'Agati, wie er Spott erntete und für einen Phantasten gehalten wurde, weil er trotz ins Bodenlose fallender Preise weiter an die Mandarinen von Ciaculli glaubte. Was ihn ermutigte, durchzuhalten, war nicht nur ihr Aromenreichtum und Wohlgeschmack, sondern sein philosophischer Naturzugang. Die Kerne Gottes: In seiner Bodenständigkeit war er überzeugt, dass es schon seinen Sinn habe, wenn die Natur diese Früchte mit Kernen (die so wenig bitter sind, dass man sie mitessen kann) geschaffen habe, dass man sie nicht genetisch verändern sollte oder könnte, ohne ihre Sensorik zu verändern. Seine Halsstarrigkeit und das Durchhaltevermögen der Bauern, die den mühseligen Terrassenanbau mit händischer Ernte und Transport der Obstkisten auf den Schultern über steile Treppenstufen weiterhin auf sich nehmen, scheinen sich schließlich doch auszuzahlen. Vor gut zehn Jahren begründete die Slow Food Stiftung auch hier ein Presidio zur Protektion der seltenen Früchte und machte sie einer kulinarisch interessierten Öffentlichkeit bekannt. Heute ist das Nischenprodukt in Italien wieder arriviert und erzielt passable Preise – piemontesische Destillerien verwenden Mandarini tardivi di Ciaculli ebenso wie der Delikatessentempel Peck in Mailand, der seinen Panettone mit kandierten Schalen verfeinert. Sizilianische Regio-Limonadenproduzenten setzen dezidiert auf diesen Aromageber, und der in Kooperation mit einer Prosecco-Kellerei entwickelte Mandarinensekt mit dem Komponistennamen Puccini könnte die Früchte weiter popularisieren. Kommerziell von Bedeutung ist, dass die ätherischen Öle, die aus den Schalen gewonnen werden, neben kalabresischen Bergamottenessenzen zu den feinsten zählen. Kaum ein Spitzenbouquet der Hespéridés-Klasse kommt ohne Mandarinennoten aus. Ob diese immer aus Ciaculli kommen, bleibt offen – die Sorte muss nicht zwingend hier angebaut werden. Bleibt als Wunsch und Hoffnung, dass sich Projekte realisieren lassen, diese grüne Oase am Stadtrand, die von Immobilienspekulation und Schwarzbau bedroht ist, zu einem *parco agroculturale* auszubauen.

Man kann die Agrumenreise östlich nach Bagheria ausdehnen, wo die barocken Sommervillen des palermitanischen Adels ebenfalls von einer Flut nüchterner Zementkuben umzingelt werden, die aber in ihren Orangen- und Zitronengärten noch etwas von der botanischen Pracht vergangener Zeiten erahnen lassen. Immerhin, das Umland ist für seine Bio-Zitronen bekannt, die unter anderem an deutsche Supermärkte geliefert werden.

Spuren von Palermos glorreicher Zitrusfrüchtevergangenheit sind in der Gegenwart nicht leicht aufzuspüren. Schaugärten wie in Sorrent oder Menton findet man kaum.

Dafür gibt es in jeder Bar frisch ausgepresste Spremuta, ein Vergnügen, das auch von ambulanten Straßenständen angeboten wird, die mit witzigen Slogans wie *VitaminizzateVi!* werben. Oder man macht einen Besuch bei der Gelateria Cappadonia direkt am Cassaro, der arabischen Hauptstraße, die seit 1000 Jahren den Emirs- und Normannenpalast mit dem Hafen verbindet. Mandarineneiscreme gibt es hier nur im Frühling, wenn in Ciaculli geerntet wird.

Der originellste Ort, um die Agrumenkultur Palermos kulinarisch kennenzulernen, ist erst vor wenigen Jahren der Allgemeinheit zugänglich gemacht worden. Der barocke Konvent Santa Caterina, in zentraler Lager wenige Schritte von der Fontana Pretoria mit ihren Nacktstatuen und der Mosaikkirche La Martorana entfernt, ist nach dem Auszug der letzten Nonnen in ein Museum mit der phantasiereichen Zuckerbäckerei I Segreti del chiostro umgewidmet worden. Die Geheimnisse des Klosters: ein märchenhafter Ort, wo Sakralität und noble Raffinesse mit Händen zu greifen, zu riechen, zu schauen und zu schmecken sind. Hier vermengt sich Geschichte und Gusto in einzigartiger Weise, werden Nonnenrezepte der Inselkonvente nachgebacken und lebendig erhalten. Die barocke Tradition sizilianischer Klosterpâtisserie, die den Schriftsteller Leonardo Sciascia an die mit Agrumen aromatisierten Mandelkonfekte Granadas und Sevillas erinnerte, ist ebenso präsent wie österliche Marzipanlämmer und Schokoladetrüffel mit Orangensplittern. Ein Blickfang ist die Cassata mit bunten kandierten Früchten, die auf ein arabisches Hofrezept für König Roger II. zurückgehen soll. Und wunderbar: Man kann sich in den Brunnenhof des Kreuzgangs setzen und unter Zitrusbäumen beim Murmeln des Wassers mit Pistazien und echtem Zitronatzitronenzitronat gefüllte Marzipanorangen naschen, die den schönen Namen Martorana tragen. Eine süße Oase im Herzen Palermos!

Insalata di arance sanguinelle
Blutorangensalat

6 Blutorangen
4 Frühlingszwiebeln
Schnittlauch
1 frische Peperonischote
Olivenöl
Meersalz

Die Blutorangen schälen und die Spalten filetieren. Die Frühlingszwiebeln putzen und in feine Julienne-Streifen schneiden, kurz abspülen und trocknen. Den Salat anrichten, indem man Schichten abwechselt: Blutorangen, Frühlingszwiebeln, die frische, in Ringe geschnittene Peperoni, den frisch gewiegten Schnittlauch und Meersalz. Mit reichlich Olivenöl abschmecken.

Der Sternekoch Ciccio Sultano, von dem dieses Rezept stammt, steht in Ragusa für eine Neuinterpretation sizilianischer Produkte, aber auch für die bewusste Pflege bäuerlicher Aromen.

Benedette arance
Die Blutorangen des Ätna

Zu den Vergnügungen des Südens zählt es, reife und süße Orangen zu essen, nicht wenn du zitternd am Kamin sitzt, sondern wenn du in der vollen Hitze eines Sommermittags dahinschmilzt; aber, fürwahr, wenn du einmal Orangen im Süden gekostet hast, dann entbiete denen im Norden ein Adieu. Der bloße Gedanke, die sauren, scharfen Früchte zu berühren, genügt, dich schaudern zu machen.

Julia Kavanagh, *A Summer and Winter in the Two Sicilies* (1858)

Weißer Gipfelschnee. Blutrote Sanguinello- oder Moro-Orangen. Gelbe Limonen. Mehr als ein Feuerwerk der Farben: Der Mongibello, der Berg der Berge, wie die Einheimischen den über 3300 Meter hohen Ätna halb romanisch, halb arabisch nennen, lieferte die Grundstoffe für eine der erfolgreichsten Rezeptideen der europäischen Geschichte und Gegenwart: das Speiseeis!

Wer Siziliens Bergtäler und Schluchten durchwandert oder die Parks fürstlicher Residenzen genau betrachtet, findet überall Spuren von natürlichen oder gemauerten Schneegruben. In diesen *neviere* wurde Schnee gestapelt, teilweise mit Füßen, teilweise durch Maultiere festgestampft, dann mit Holzbalken und Heubündeln abgedichtet. Mit diesem Vorrat konnte man auch im Sommer Wasser zu Eis frieren, um damit Wein oder Fruchtsäfte zu kühlen – ein Luxus, der über Persien und die arabische Welt nach Sizilien eingeführt wurde.

Was zunächst nur winzigen Eliten kredenzt wurde, wurde ab dem Cinquecento auch für weniger begüterte Schichten erschwinglich. Immer mehr Städte regelten den Transport und Verkauf von Pressschnee als hoheitliche Aufgabe, erhoben Steuern und beauftragten feudale Großgrundbesitzer und kirchliche Institutionen mit der Versorgung. 1638 schließt der Bischof von Catania einen Vertrag mit dem Senat der Ätnastadt: Verkaufsmonopol für Eisblöcke gegen Nachschubgarantie. Das Abkommen mit dem Bistum, seit 1859 Erzbistum, war bis 1912 gültig?

Dieser Schneeboom im glühend heißen Sizilien geht einher mit der Nutzung einer chemischen Reaktion, die schon in der Antike beobachtet worden war und im 16. Jahrhundert in Catania wiederentdeckt wurde: Durch Zugabe von Salpeterausblühungen lässt sich die Temperatur von Speisen senken. Diese Erkenntnis führte zu einer handwerklichen Revolution. Man brauchte nach wie vor Ätnaschnee, aber deutlich weniger.

Und man konnte jetzt kostengünstiger den Fruchtsaft von Ätnazitronen zu Granita-Sorbet einfrieren und das Wassereis jedermann auf Straßenständen anbieten. Die Nachfrage nach Agrumen stieg. So wurde Catania zur Eismetropole, die heute noch stolz auf ihre Gran Caffès und Gelaterie ist.

Schon immer war das Gebiet um den Ätna mit seiner fruchtbaren Vulkanasche begehrtes Agrarland. Während man in höheren Lagen Wacholder und Maronen sammeln kann und Weinbau bis in eine Rekordhöhe von 1300 Metern möglich ist, umzieht den meernahen östlichen und südlichen Sockel des Feuerbergs ein Gürtel von Obst- und Gemüsegärten. Der brodelnde Markt von Catania mit seinen lautstarken Ausrufern bietet dem Spaziergänger neben dem Fischreichtum des Ionischen Meeres eine überbordende Vielfalt vegetarischer Verlockungen: schwarzglänzende und eigroße weiße Auberginen, die wie die Artischocken von den Arabern auf die Insel gebracht wurden; hellgrüne Schlangenzucchini; schwarze und grüne Tomatensorten, botanisches Zeugnis des kolumbianischen Transfers, der Andenprodukte früh im spanischen Sizilien heimisch werden ließ. Ein Füllhorn von Früchten: weiße Pfirsiche, Frühkirschen, Walnüsse, lokale Birnenraritäten, hellgrüne Nektarinen, winzige Walderdbeeren und als Krönung im Winter und Frühling die einzigartigen Blutorangen. Dunkel, fast schwarzviolett, von intensiver Süße des Fruchtfleischs mit leicht erdiger Säurenote, sind sie zu einem Symbol Siziliens verklärt worden. Auf der Demeter-Insel des homerischen Sonnengottes, wo – so das Klischee – die Affekte und Leidenschaften heftiger toben, bringe auch die Natur und die Sonne des Südens wildere, ungestümere, schwärzere, ja blutigere Früchte hervor.

Dabei sind Blutorangen botanisch gesehen noch nicht sehr alt. Es verwundert, dass Handel und Reisende durch diese sensationell aussehenden und schmeckenden Früchte früher kaum zu begeisterten Beschreibungen animiert wurden. Die Spezies entstand wohl im 17. Jahrhundert infolge genetischer Spontanmutationen. Ab dem 19. Jahrhundert wurde der Anbau forciert. Ihre dunkelrote Farbe, die auf die Pigmentierung der Schale übergreifen kann, verdanken sie nicht der Sonnenglut, sondern eher der Kälte des Ätna. Auf die wüstenartigen Temperaturstürze von über 20 Grad zwischen Tag und Nacht reagieren die Früchte mit der Bildung von Anthocyanen. Die antioxidativen Farbstoffe haben entzündungshemmende Wirkung, verkürzen aber die Haltbarkeit im Vergleich zu helleren Sorten. Deswegen sind die Produktionsmengen der oft nur mandarinengroßen Moro-Orangen mit ihrer weichen, leicht ablösbaren Schale ebenso rückläufig wie die der selteneren kälteliebenden Sorte Sanguinello, die als wohlschmeckendste gilt.

Sizilianische Blutorangen weisen übrigens den höchsten Vitamin-C-Gehalt aller Orangen auf und würden unter anderen klimatischen Bedingungen angepflanzt keine dunkle Pigmentierung entwickeln.

Die Agrumenbauern der Ätnaregion haben Phasen der Hochkonjunktur und tiefer Depression erlebt. Um 1900 war Sizilien weltweit der größte Zitronenexporteur, Messina der führende Apfelsinenhafen. Sogar eine Kistengröße, die messinoise, wurde danach benannt – bis die Amerikaner in Florida und Kalifornien eigene Plantagen aufbauten und ruinöse Zölle erhoben. Auch ein Grund für die Auswanderungswellen aus Sizilien nach Argentinien und in die Vereinigten Staaten.

Der europäische Markt blieb der Insel. Doch der Boykott italienischer Produkte nach Mussolinis völkerrechtswidrigem Angriff Abessiniens schädigte die Branche schwer. *Maledette arance* – verfluchte Orangen, schimpfen die kleinen, frierenden, unrasierten Männer mit Schiebermützen in einem Klassiker der Sizilienliteratur, Elio Vittorinis 1938/39 erschienener *Conversazione in Sicilia* (»Gespräch in Sizilien«). Szene: auf der Fähre vom kalabresischen Villa San Giovanni nach Messina. Anlass: Die Bauern haben ihre Ware nicht einmal zu Dumpingpreisen losschlagen können.

Der Boom der 1950er bis 1970er Jahre, als die Insel auch mit neueingeführten Sorten wie der brasilianischen Washington-Navel (die prächig in Ribera in der Provinz Agrigent gedeiht) die europäischen Märkte belieferte, endete mit der Erweiterung der EU. Die Förderung von Plantagen im wasserarmen Andalusien und Einfuhrlizenzen für billigere marokkanische Orangen ließen den Marktanteil von Früchten sizilianischer Kleinbauern rapide schrumpfen. Gärten verwilderten, Ernten wurden zuweilen sogar vernichtet, um den Marktpreis zu stabilisieren.

Die Sünde wider die Natur ist gottseidank vorbei. Im neuen Jahrtausend profitiert Sizilien von seinem Ruf als Bioproduzent. Dort wurde selten in monokulturelle Plantagen mit intensiver Spritzgiftbehandlung investiert, und Schalen sind kaum durch chemische Behandlung und Wachsen ungenießbar gemacht worden. Heute beschert die Nachfrage nach ökologischen Produkten dem hochwertigen Sektor der Landwirtschaft leichte Zuwachsraten, wenn auch gestiegene Kosten für Bewässerung und Administration den Gewinn schmälern und kleinere Bauern, die nur auf Export gesetzt haben, aufgeben müssen. Inzwischen haben Familien und Kleinstkooperativen gerade im Ätnagebiet, wo Plantagenwirtschaft fast unmöglich ist, den Weg eingeschlagen, durch agrotouristische Beherbergung, Ab-Hof-Verkauf sowie Direktversand von Orangenkisten ihre Existenz zu sichern.

Früher wurden sizilianische Zitrusfrüchte meist von der Industrie des Nordens und des Food Valley um Parma verarbeitet. Heute nehmen Sizilianer das selbst in die Hand. Innovative Infrastrukturen sorgen dafür, das *vittimismo*-Image vom ewigen Opferland durch lokale Neugründungen abzulösen. Ein Paradebeispiel ist die 2014 gegründete Likörmanufaktur Amara. Die Geschäftsidee: den internationalen Ruf sizilianischer Digestivi wie Amaro Averna mit dem gesunden Bio-Image von Blutorangen zu verknüpfen. Eine Degustation in der Destillerie mit ihren Fruchthainen, die sich in Sichtachse auf den Mongibello-Gipfel hinaufziehen, vermittelt Einblicke in die Welt moderner sizilianischer Erzeuger, die Heimatverbundenheit mit dem Vulkanriesen in ihre Marketingkonzepte integrieren. 100 Prozent Sicily, das bedeutet Ätnaorangen, Ätnakräuter und Ätnawasser. Dazu passt, dass im minimalistischen Interieur des Degustationssaals die junge Firmengeschichte im naiven Inselstil auf einer Bänkelsängerschautafel erzählt wird.

Klein- und kleinstbäuerliche Pflanzungen prägen küstennahe Städtchen wie Giarre, Acireale oder das Hinterland von Taormina. Anders sieht die Situation im breiten Schwemmtal des Simeto-Flusses aus, der südlich von Catania ins Ionische Meer strömt und das Ätnagebiet von den Monti Iblei trennt, den honigreichen Hybläischen Bergen der Antike. In der Ebene reihen sich mittelgroße Plantagen aneinander, die lagerfähige Brasile-Navel-Orangen oder die beliebteste sizilianische Sorte Tarocco anbauen. Diese hellste aller Blutorangen, deren süßes Fruchtfleisch oft orange und dunkel gestreift ist, ist eine »Halbblutorange«. Sie bietet kommerzielle Vorteile, etwa eine lange Erntezeit von Dezember bis April, weswegen sie auch ihren Namen trägt. Tarocco bedeutet so viel wie As oder Trumpfkarte!

IGP – Indicazione Geografica Protetta: Die EU verleiht das begehrte Siegel *Geschützte Herkunftsbezeichnung* nicht für einzelne Obstsorten, wohl aber an Regionen. So erstreckt sich die IGP Arancia rossa di Scicilia bis weit in die südlich angrenzende Provinz Siracusa, die klimatisch von der Nähe des Vulkans profitiert. In Hochebenenstädten wie Palagonia, Mineo oder Floridia sorgen kalte Fallwinde, die die Simeto-Ebene überwinden, für ein Hin- und Her der Temperaturen und die Pigmentierung der Früchte. Dazu kommt die geschützte, von kantigen Kalksteinketten geprägte Hügellage, die ausgleichende Meeresnähe und nicht zuletzt der Quellen- und Grundwasserreichtum der Gegend.

Lentini, von dessen Terrassen aus man einen privilegierten Gipfelblick genießt, war bis in die 1970er Jahre die heimliche Agrumenhauptstadt Siziliens. Von hier kamen vermutlich die Weihnachtsapfelsinen unser Eltern- und Großelterngeneration, säuberlich verpackt in buntbedrucktes Seidenpapier. Das ganz große Geschäft ist vorbei, aber immer noch halten viele mittelständische Betriebe durch, die Gästen gerne ihre Gärten zeigen und sie großzügig mit Früchten beschenken – gleichzeitig klagen ihre

Inhaber, wie schwierig es ist, sich in der Bio-Nische zu etablieren. Wer den seltenen Fall einer Pflanzung adliger Besitzer sehen will, kann im Landgut Il Biviere einen Termin ausmachen. Es liegt bei einem winzigen See, der vor achthundert Jahren von Tempelrittern aufgestaut wurde. Während die meisten Orangengärten erst im 19. Jahrhundert von reichen Bauern oder Agrarunternehmern angelegt wurden, wurde das Anwesen bereits 1392 vom aragonesisch-sizilianischen König Vorfahren der Familie Borghese verliehen. Apfelsinen, Pampelmusen und Zitronen kamen freilich erst ab den 1960er Jahren dazu.

Francofonte: Opernfans haben den Namen schon gesungen gehört. Mamma Lucia erzählt Santuzza, dass Turiddu zum Weinkaufen nach Francofonte gegangen sei. Auch wenn es in der *Cavalleria Rusticana* um ein Duell bei den Feigenkakteen und nicht um Agrumen geht, gibt es doch einen Bezug. Denn der Komponist Pietro Mascagni vertonte 1889 in seiner Oper die veristische Kurzgeschichte eines catanesischen Schriftstellers. Giovanni Verga ist auch deswegen italienischer Schulautor, weil er nach mondänen Mailänder Jahren die eher unterprivilegierten Bewohner seiner sizilianischen Heimat zu Protagonisten machte. In seinen Novellen wird die Ausbeutung der Landarbeiter bis hin zu Details nachgezeichnet, wie etwa dass es zum Frühstück nur Brot und Bitterorangen gab. Nach dem Welterfolg der *Cavalleria* wurde Verga schreibfaul und führte lieber das müßiggängerische Leben eines *barone*, der vom Ertrag seiner Orangengärten lebt.

Arance sind heute noch der Stolz der sympathisch verschlafenen 11 000-Einwohner-Stadt, die auf einem Tuffhügel thront. Einmal im Jahr kommt das Fernsehen, kommen die Journalisten nach Francofonte, um Anfang März die *Sagra del tarocco* mitzufeiern. Die Piazza mit dem mächtigen, mit barocken Steinfratzen geschmückten Palazzo Gravina-Cruyllas verwandelt sich in einen Freiluftspeisesaal. Stände bieten Produkte und Snacks an, vom Orangenblütenhonig bis zum Blutorangenbonbon, von Pasta al limone bis zum Tarocco-Salat. Spektakulärer Höhepunkt ist die nostalgische *sfilata dei carretti*. Die mit knalligen

Ritter- und Marionettentheaterepisoden bemalten Karren, gezogen von aufgeputzten Pferdchen, waren bis vor fünfzig Jahren im Einsatz, um Früchte auf die Märkte oder zum Großhändler zu bringen. Die Besitzerfamilien der Oldtimerkarren haben sich wie Postkartensizilianer herausgeputzt. Männer tragen die Landarbeiter-*coppola*, die wie eine Schiebermütze aussieht, manche Frauen bunte Röcke und Kopftücher, wie man sie von Tarantellafotos kennt, und die *bambini* haben einen Heidenspaß, wenn sie mit den Schellen ihrer Tamburins ordentlich Lärm machen können.

Anschließend versinkt Francofonte wieder in einen Dornröschenschlaf. Die IGP hat die überregionale Nachfrage noch nicht ansteigen lassen. Dabei wären die *arance di Francofonte* ein Pfund, mit dem man wuchern könnte.

Ätnaagrumen sind ein weites Feld. Meine Lieblingsplätze, um die lebendige Diversität der Zitruskulturen, Volksfrömmigkeit und die Verwurzelung der Menschen mit ihrem Territorium zu erleben: adventliche Weihnachtskrippen in Lavagrotten, wo Hirtenknaben dem Christuskind Terrakottaorangen schenken; die bäuerlichen Obststände an kurvenreichen Bergstraßen; Dorftrattorien, die in ihrem Zitronengarten mit frisch gepflückten Limonenblättern umwickeltes Kalbstatar grillen. Ein kulinarischer Geheimtipp ist die Käserei Alcantara Formaggi in dem trutzigen Bergstädtchen Castiglione, die nach Hirtenrezepten eine ganze Zitrone mit einem birnenförmigen Provolone-Laib umhüllt, die dem gereiften Filata-Käse eine apart säuerliche Note verleiht.

Den Pasticcerie der Ätnadörfer von Milo bis Nicolosi und Linguaglossa sind prächtige Bildbände gewidmet worden. Selbstgemachtes *Gelato* und *Granita* sind noch in der abgelegensten Dorfbar Ehrensache; *Gelatieri* aus vergessenen Vulkangemeinden haben es zu Weltruhm gebracht und der sahnefixierten Dolomiten-Konkurrenz Paroli geboten. Eine gastronomische Pflichtetappe ist Randazzo mit seiner Normannenkirche aus Lavablöcken. Gleich vis-à-vis hat Santo Musumeci, der gerne scherzte, dass er Zucker im Blut habe, seine Eiskreationen erdacht, mit denen er Preise bei internationalen Wettbewerben wie dem Sherbet

Festival in Palermo gewonnen hat. Das Geheimnis seiner Eisphilosophie: beste Zutaten vom Ätna, Mandeln, Haselnüsse und natürlich Agrumen von der Moro-Orange bis zur Mandarine.

Ein magisches Naturerlebnis zum Schluss: Zwischen Taormina und Messina, schon am Fuße der Peloritanischen Berge, biegt bei Alì Terme ein serpentinenreiches Sträßchen durch die gezackte Schlucht des Nisi-Wildbachs nach Fiumedinisi ab. Dieses tiefeingeschnittene Tal ist die Heimat der seltenen Interdonato-Zitrone, benannt nach einem Colonello, der 1875 eine lokale Sorte mit Zitronatzitronen kreuzte. Das Ergebnis: große, meist grün verkaufte Berglimonen, die bis zu achthundert Gramm wiegen können. Milder Saft, der kaum gezuckert werden muss, weshalb diese Variante perfekt mit Tee harmoniert, ohne dessen Aroma zu übertünchen. Dazu kommt eine lange Ernteperiode, die bereits im September (*primofiore*) beginnt und bis April dauert, außerdem vorzügliche Transport- und Lagerfähigkeit. Doch all diese Vorzüge sind nicht der Hauptgrund für diesen Ausflug. Vielmehr ist es der Agrumendschungel, der sich auf hängenden Terrassen entlang der zerklüfteten Talschneise bis auf vierhundert Meter Meereshöhe hinzieht, die generationenübergreifende Arbeitsleistung stützender Trockenmauern, der elysische Duft der Blüten und nicht zuletzt das Gezwitscher der Vögel in diesem paradiesischen Stück mediterraner Natur.

Coniglio alla liparota
Kaninchen auf liparische Art

1 zerlegtes Kaninchen
1 unbehandelte Zitrone
1 unbehandelte Blutorange
50 g geröstete Mandeln
2 Lorbeerblätter
2 rote Tropeazwiebeln
150 g reife aromatische Tomaten
50 g Rosinen
Rosmarin, Basilikum
150 ml *vino cotto* (siehe unten)
50 g Olivenöl
Essig
Weiß- oder Rotwein
Meersalz und Pfefferkörner

Die Kaninchenstücke kurz (etwa fünf Minuten) in wenig gesalzenem Wasser mit dem Saft der halben Zitrone, den Lorbeerblättern und einem Schuss Essig köcheln.

Die Stücke abtupfen und in der Pfanne in Olivenöl anbraten. Wenn das Bratgut sich bräunt, mit einem Schuss Wein ablöschen.

Den Inhalt der Pfanne mit den Zesten von ¼ Zitrone, ¼ Blutorange, den Mandeln, den kleingeschnittenen Zwiebeln und Tomaten, den Rosinen und etwas Rosmarin in eine Kasserolle geben und etwa zwanzig Minuten köcheln lassen. Mit Salz und Pfeffer abschmecken. Dann *vino cotto* unterziehen und die Basilikumblätter einstreuen. Das Gericht vor dem Servieren leicht abkühlen und ziehen lassen.

Rezept von Signora Angelina Orto. Die begnadete Köchin betreibt mit ihrer Tochter die winzige B&B Villa Angelina im Weiler Pianoconte auf der Äolischen Insel Lipari. *Mosto cotto* wird nach altem Familienrezept über Rebstockasche gefiltert, kann aber durch *sapa* (eingekochten Süßmost) ersetzt werden.

Dank

Grazie Mille: Mein herzlicher Dank gilt allen, die dieses Buch gefördert und sich Zeit für Gespräche oder Garten-Besichtigungen genommen haben. Neben den aufgelisteten Adressen möchte ich herausheben: Fabio Bonadossi in Gargnano, Familie Parodi in Finalborgo und Luca Ottone in Pietra Ligure, Salvatore Aceto in Amalfi sowie Michele Ruocco und Zitronenguide Matteo Giordano für den Sentiero dei limoni. Giovanni Laidò und Michele Ricucci brachten mir Agrumenkulturen des Gargano nahe. In Kalabrien waren behilflich: Presidente Angelo Adduci und das Team vom Opificio Calabria in S. Maria del Cedro, Professore Vittorio Caminiti, Karine Thierry und Filippo Arillotta in Reggio sowie Mario und die Damen der Werkstatt BergArte in Varapodio und Ugo Sergi vom verträumten Agriturismo Il Bergamotto in Condofuri. Einblicke in den Kosmos sizilianischer Agrumen verdanke ich neben vielen Orangenbauern Giovanni d'Agati in Ciaculli, Francesco Pensovecchio vom Slow Food Convivium Palermo und der Familiendestillerie Jacli, Antonio Fricani in Bagheria, Roberto Tindaro Abbate in Motta Camastra, Avv. Giovanni Caminiti Interdonato sowie Chico und Maria Pettinato vom B&B Etneacentoundici in Nicolosi.

Für theoretische Unterfütterung sorgten die Staatsbibliothek in München und Bruno Viberti von der Biblioteca di Scienze Gastronomiche in Pollenzo.

Rezeptideen lieferten Sal de Riso in Minori, Ciccio Sultano in Ragusa und Angelina Orto in Pianoconte auf Lipari sowie Mauro Colagrecos Mitron Bakery in Menton.

Stets inspirierend war die *collaborazione* mit Susanne Schüssler und Corinna Gathmann vom Wagenbach Verlag. Für argusäugiges Lesen danke ich Christoph Baron, Beatrice Renauer und Annette Rudolf, für stilistische Anregungen Manuela Wolf.

Sie und Albrecht Kersten begleiteten mich auf Recherchereisen. Peter Amann, mit dem ich gerne dieses Buch zusammen geschrieben hätte, versorgte mich großzügig mit Tipps. Valeria Milani verdanke ich den Hinweis auf Eugenio Montales Zitronengedicht.

Zum Schluss ein *grazie* an Franco Taverna, der in seinem Friseursalon La Forbice in München Bergamotte-Säfte vertreibt (www.orodelsud.de) sowie Melo und Sabrina in Bruzzano Zeffirio für die Vermittlung authentischer kalabresischer Gastfreundschaft.

Adressen

Limonaden und Limoncello
Il Super Mago del Gelo Mario Campanella
Piazza Giuseppe Garibaldi 22
70044 Polignano a Mare
www.ilsupermagodelgelo.it

Limonaie am Gardasee
Limonaia La Malora
Via Marconi 10, 25084 Gargnano
www.limonaialamalora.it

Limonaia del Castèl
Via Orti 9
25010 Limone sul Garda

Prà de la Fam/ Ecomuseo delle Limonaie del Garda
SS. Gardasana Orientale
25080 Tignale
www.ecomuseopradelafam.com

Bar Tassoni
Via S. Carlo 28, 25087 Salò

Chinotto aus Ligurien
Az. Agricola Alessandro Parodi
Via Aquila II 15
17024 Finale Ligure/Finalborgo
www.parodichinotto.it

Besio/Bar Besio
Via S. Ambrogio 2Ar/Piazza Mameli 21/R, 17100 Savona
www.besio.it

Profumeria Abaton
Via Manzoni 2
17100 Savona
www.abatonbros.com

Das gelbe Gold von Menton
Patrice Mazzaferrata
1740 Avenue de Prades
06500 Menton
www.citrons-sainte-lucie.com

Maison Gannac
2970 Route de Super-Garavan
06500 Menton
www.maisongannac.com

Gärten der Medici
Villa Medicea di Poggio a Caiano
(Museo della natura morta)
Piazza dei Medici 14
59016 Poggio a Caiano

Villa Castello (Villa Reale)
Via di Castello 44
50141 Firenze
www.villegiardinimedicei.it

Officina Profumo-Farmaceutica di S. Maria Novella
Via della Scala 16, 50123 Firenze
www.smnovella.com

Sorrent und Amalfi
Il Giardino di Vigliano
Via Partenope 40
80061 Massa Lubrense
www.agriturismovigliano.it

Salvatore Aceto
Salita Chiarito 1, 84011 Amalfi
www.salvatoreaceto.com

Pasticceria Sal de Riso
Via Roma 80, 84010 Minori
www.salderiso.it

Gargano – Adria
Consorzio Agrumi del Gargano
Via Varano 11
71012 Rodi Garganico
www.garganoagrumi.com

Michele Ricucci
SS 89, km 678
71012 Rodi Garganico
www.agricolaricucci.it

Zitronatzitronen – Kalabrien
Museo del Cedro
Loc. Impresa
87020 S. Maria del Cedro
www.museodelcedro.com

Bar und Pasticceria Aronne
Via Orsomarso 3
87020 Marcellina

Ristorante Vecchio Casale
Piazza Casale 4/5
87020 S. Maria del Cedro

Opificio Calabria
Contrada Valline/ Via Margherita
Traversa I 6–8
87020 S. Maria del Cedro
www.opificiocalabria.com

Bergamotto – Kalabrien
Valle Armenia
Via C. da Ruggiano
89036 Brancaleone
www.vallearmenia.it

Museo del Bergamotto
Via dei Filippini 50
89125 Reggio Calabria
www.museodelbergamottoedel
cibo.com

BergArte
Via Lisello 107, 89010 Varapodio
www.bergarte.it

Gelateria Cesare
Piazza Indipendenza 2
89121 Reggio di Calabria
www.gelatocesare.com

Sizilien
Liquorificio Jacli
Via Vincenzo Alagna 6/A
90126 Palermo
www.jacli.it

Consorzio Tardivo di Ciaculli
Via Enrico Ferruzza 3–5
90124 Palermo
www.tardivodiciaculli.net

Gelateria Cappadonia
Via V. Emanuele 401
90134 Palermo
www.cappadonia.it

I Segreti del Chiostro
Via Discesa dei Giudici 33
90133 Palermo
www.isegretidelchiostro.com

Blutorangen des Ätna
Amaroamara
Contrada S. Martino, SS 417,
km 68, 95045 Misterbianco
www.amaroamara.com

Il Biviere
Contrada Case Biviere
96016 Lentini
www.biviere.it

Roberto Abbate
Contrada Finaita 18
98030 Motta Camastra
www.robertoabbate.it

Pasticceria Santo Musumeci
Piazza S. Maria 5, 95036 Randazzo
www.santomusumeci.it

Consorzio Limone Interdonato
Via Umberto I 194
98026 Nizza di Sicilia
www.limoneinterdonato.it

Bibliographie

Literatur

Arillotta, Filippo: *Storia fantastica del bergamotto di Reggio Calabria*. Reggio Calabria 2021

Attlee, Helena: *The Land Where Lemons Grow*. London 2014

Balsam, Simone (Hg.): *Orangerien in Europa. Von fürstlichem Vermögen und gärtnerischer Kunst*. München 2007 (= ICOMOS – Hefte des Deutschen Nationalkomitees, Bd. 43)

Barbera, Giuseppe: *Agrumi. Una storia del mondo*. Milano 2023

– *Conca d'oro*. Palermo 2012

Beck, Rainer: »Lemonihändler. Welsche Händler und die Ausbreitung der Zitrusfrüchte im frühneuzeitlichen Deutschland«. In: *Jahrbuch für Wirtschaftsgeschichte* 45, Nr. 2 (2004), S. 97–124

Beckmann, Inke: *Geflügel, Austern und Zitronen. Lebensmittel in Kunst und Kultur der Niederlande des 17. Jahrhunderts*. Darmstadt 2014

Biscotti, Nello: *Storie di agrumi e paesaggi. I pomi citrini dello Sperone d'Italia*. Foggia 2016

Buttitta, Antonino: *Dove fiorisce il limone*. Palermo 1983

Calabrò, Francesco: *Della balsamica virtù dell'essenza di bergamotta nelle ferite*. Messina 1804

Casciu, Stefano (Hg.): *Villa Medicea di Poggio a Caiano. Museo della Natura Morta*. Catalogo dei dipinti. Livorno 2009

Cazzani, Alberta/Sarti, Laura: *Le limonaie del Gargnano. Una vicenda, un paesaggio*. Gargnano 1992

Contaldo, Gennaro: *Gennaros Limoni. Italienisch kochen und backen mit Zitronen*. Cadolzburg 2022

Corrado, Vincenzo: *Fisiologia degli agrumi* [1787]. Hg. v. Lejla Mancusi Sorrentino. Reggio Calabria 2002

Cruciani, Bianca: *Acqua di Colonia. Storia di un malinteso*. Fermo 2022

De Angelis, Antonino: *Sorrento, bosco di agrumi*. Napoli 1996

Doosry, Yasmin/Lauterbach, Christiane/Pommeranz, Johannes (Bearb.): *Die Frucht der Verheißung. Zitrusfrüchte in Kunst und Kultur*. Kat. Germanisches Nationalmuseum, Nürnberg 2011

Ferrari, Giovanni Battista: *Hesperides sive de malorum aureorum cultura ed usu libri quatuor*. Roma 1646

Franke, Andreas: *Bittere Zitronen in Amalfi. Hartingers siebter italienischer Fall*. Rosenheim 2018

Galiano, Franco: *I borghi del Cedro tra il »Pollino« e la »Riviera«*. Cosenza 2021

– *Il Cedro nella realtà e nel desiderio*. Scalea 2021

Gallesio, Giorgio [Georges]: *Traité du citrus*. Paris 1811

Giuliano, Guendalina: *Il limone e la Costa d'Amalfi*. Maiori 2001

Gruben, Eva-Maria: *Zitrusmanie. Goldene Früchte in fürstlichen Gärten*. Düsseldorf 2022

Hyman, Clarissa: *Oranges. A Global History*. London 2013
Iacono, Antonietta: »Mythopoeia und Wissenschaft in *De hortis Hesperidum* von Giovanni Gioviano Pontano«. In: Markevičiūtė, Ramunė/Roling, Bernd (Hgg.): *Die Poesie der Dinge*. Berlin/Boston 2021, S. 43–60
Joannet, Henri: *Petit traité savant des agrumes. Oranges, Citrons de Menton et d'ailleurs*. Saint-Rémy-de-Provence 2018
Mancusi Sorrentino, Lejla: *Sua maestà il Limone. Suggestivo racconto di ricette, aneddoti, poesie, canzoni, dolci e liquori*. Napoli 2004
McPhee, John: *Orangen*. Stuttgart 1995
Meloni Trkulja, Silvia/Tongiorgio Tomasi, Lucia (Hgg.): *Bartolomeo Bimbi. Un pittore di piante e animali alla corte dei Medici*. Firenze 1998
Oettingen, Dirik von: *Verhüllt, um zu verführen. Die Welt auf der Orange*. Potsdam 2007
Orangerie. Die Wiederentdeckung eines europäischen Ideals. Festschrift zum 40. Jahrestag der Gründung des Arbeitskreises Orangerien in Deutschland e.V. Berlin 2019
Peter, Peter: *Cucina & cultura. Kulturgeschichte der italienischen Küche*. 3. Aufl. München 2012
– *Golf von Neapel. Literarische Entdeckungen zwischen Neapel, Sorrent, Amalfi und Capri*. Stuttgart 2003
Pfeil, Daniela von: *Orange*. Wien/Berlin 2020
Schirarend, Carsten/Heilmeyer, Marina: *Die Goldenen Äpfel. Wissenswertes rund um die Zitrusfrüchte*. Berlin 1996
Schwammberger, Adolf: *Vom Brauchtum mit der Zitrone*. Nürnberg 1965
Sonneman, Toby: *Lemon. A Global History*. London 2012
Soressi, Manuela: *Il paese dei limoni. Storie, profumi e sapori del re degli agrumi italiani*. Milano 2021
Tagliolini, Alessandro/Azzi Visentini, Margherita (Hgg.): *Il Giardino delle Esperidi. Gli agrumi nella storia, nella letteratura e nell'arte*. Firenze 1996
Tolkowsky, Samuel: *Hesperides. A History of the Culture and Use of Citrus Fruits*. London 1938
Troiano, Don Matteo (Hg.): *Rodi Garganico. Splendori di un passato*. s. l., s. a. [1998]
Volkamer, Johann Christoph: *Nürnbergische Hesperides*. Nürnberg 1708
– *Hesperidum Norimbergensium Sive De Malorum Citreorum, Limonum Aurantiorumque Cultura Et Usu Libri IIII*, Nürnberg 1713
– *Continuation der Nürnbergischen Hesperidum*. Nürnberg 1714

Zitate

Alle Übersetzungen stammen, falls nicht anders angegeben, vom Verfasser dieses Buchs.

Abd-ar-Rahmân auf Italienisch: *Poeti arabi di Sicilia*, Carlo Ruta (a cura di), Palermo 2001

Theodor Däubler: »Schon schwellt der Orange …«, in: *Das Nordlicht*, Bd. 1. Leipzig 1921

– »Pastorale«, in: *Der Zweemann* (Hannover) 1, H. 2 (Dezember 1919)

Gian Battista della Porta: zitiert nach: Giuliano

Alexandre Dumas: »Le Corricolo« (1843), zitiert nach: *Sketches of Italy*. Philadelphia 1843

Lorenzo Ercoliani: *Guida al lago di Garda: esposta in una passeggiata*. Milano 1846

Hugo Falcandus, zitiert nach Cazzani/Sarti

Giovanni Battista Ferrari, zitiert nach Schirarend/Heilmeyer

Giorgio Gallesio in: *Annales de l'agriculture françoise* (sic!), Bd. XLV. Paris 1811

André Gide: *Der Immoralist* (Übersetzung Christiane Brockerhoff) in: André Gide: *Gesammelte Werke*, Bd. VII. Stuttgart 1991

»Es hatte geregnet …« zitiert nach De Angelis

Johan Wolfgang Goethe: *Sämtliche Werke*, Münchner Ausgabe, Bd. 2.2. München 1987

Carmine Guarino, zitiert nach Cazzani/Sarti

Victor Hehn: *Kulturpflanzen und Haustiere in ihrem Übergang aus Asien nach Griechenland und Italien sowie in das übrige Europa*, 8. Aufl. Berlin 1887

Paul Heyse: *Gesammelte Werke*, Reihe 1, Bd. 5. Stuttgart 1924

Julia Kavanagh, *A Summer and Winter in the Two Sicilies*. Bd. 1. London 1858

David Herbert Lawrence (Übersetzung Georg Goyert): *Das Meer und Sardinien*. Zürich 2007

Otto Heinrich Graf von Loeben: *Gedichte*. Berlin 1905

Antonio Lo Re, zitiert nach: Biscotti

Giacomo Lubrano (Übersetzung Hanno Helbling) in: *Sag' ich's Euch, geliebte Bäume. Texte aus der Weltliteratur*. Ed. Federico Hindermann. Zürich 1999

Guy de Maupassant, *La vie errante*. Paris 1890

Eugenio Montale (Übersetzung Christoph Ferber): *Was bleibt*. Mainz 2013

Eduard Mörike: *Sämtliche Werke*, Bd. I, 6. Aufl. Zürich 1997

Giovanni Gioviano Pontano (Io(h)annes Iovianus Pontanus) (Übersetzung Antonietta Jacono) zitiert nach Iacono

Ignazio Puecher-Passavalli: *Viaggio da Desenzano a Trento*. Mailand 1844

Torquato Tasso (Übersetzung Johann Diederich Gries/ Wolfgang Kraus): *Das befreite Jerusalem*. München 1963. Canto XVI, Ottava 10
Giuseppe Tomasi di Lampedusa: *Il Gattopardo*. Milano 1958
Johann Christoph Volkamer: »Gloria lemonum ...«, in: *Hesperidum 1713*, lib. III, cap. XXVI
Richard Voß: *Du mein Italien*. Stuttgart/Berlin 1920

Rezepte

S. 77 Tarte au Citron de Menton in: Master Chef No 18 (Okt–Dez 2022)
S. 84 Crostini di Capperi in: Pellegrino Artusi: *La scienza in cucina e l'arte di mangiar bene*. Firenze 1895
S. 94 Limoncello in: Salvatore de Riso: *Dolci del Sole*. Milano 2008
S. 106 Spinaci alla Corradina, zitiert nach Vincenzo Corrado: *Il cuoco galante*. Napoli 1773 (Spinaci in Budin/alla Corradina)
S. 122 Insalata di arance sanguinelle in: Ciccio Sultano: *La mia cucina siciliana*. Roma 2005

Alle übrigen Rezepte stammen vom Verfasser

Bildnachweis

S. 7, 9, 25, 41, 44, 46, 49, 53, 65, 71, 78, 81, 123, 128 Peter Peter
S. 19, 23, 55, 95, 107, 115 Archiv des Verfassers
S. 4, 85, 101 Peter Amann
S. 11, 15, 57 Volkamer, *Hesperides*
S. 16 Giovanni Battista Ferrari, *Hesperides*
S. 20 Antonino Buttita, *Dove fiorisce il limone*
S. 29 Sammlung Dirik von Oettingen
S. 32 Paolo Morando, *Jungfrau mit Kind, Johannes dem Täufer und Engel* 1514/18, wikimedia
S. 37 William-Adolphe Bouguereau, *Mignon*, 1869, wikiArt
S. 39 Louis Léopold Robert, *Orangenpflückerinnen auf Capri*, 1824, wikiArt

© privat

Peter Peter lehrte am Gastrosophiezentrum der Universität Salzburg. Der Münchner verfasste eine prämierte Kulturgeschichte der italienischen Küche sowie Literaturguides zu Sizilien und Neapel. Sein Umbrienbuch gewann den ENIT-Preis für den besten deutschsprachigen Italienführer. In der Kolumne *Peters Lebensart* im ›Rotary-Magazin‹, im Podcast *machtHunger* und im Blog *Laconique* informiert er über aktuelle gastronomische Tendenzen. Seine kulinarischen Italienreisen finden sich unter www.pietropietro.de.

Kulinarisches und Kulturgeschichte …

Peter Peter Gelato

Italienische Eiszeiten

Eine Reise durch die Entstehungs- und Verbreitungsgeschichte des »gelato« sowie durch Eisdielen von Sizilien bis zu den Alpen – immer auf der Spur der originellsten gefrorenen Spezialitäten.

SVLTO. Rotes Leinen. Fadengeheftet. 144 Seiten mit vielen Abbildungen

Alice Vollenweider Italiens Provinzen und ihre Küche

Eine Reise und 88 Rezepte

Eine Reise durch Italien und seine höchst verschiedenen regionalen Küchen mit vielen Rezepten und anderen nützlichen Hinweisen auf Leute, Orte, Unterhaltungen. Von einer großen Kennerin der heutigen italienischen Schriftsteller und Kochtöpfe.

SVLTO. Rotes Leinen. Fadengeheftet. 160 Seiten mit vielen Abbildungen

Dieter Richter Con gusto

Die kulinarische Geschichte der Italiensehnsucht

Dieter Richter erzählt – wie immer kulinarisch und mit großer Kennerschaft – die Kulturgeschichte einer Begegnung: Wie die italienische Küche in den Norden kam und zur Zauberformel des guten Lebens wurde. Von Goethes Italienreise bis zur Mittelmeerdiät.

SVLTO. Rotes Leinen. Fadengeheftet. 168 Seiten mit 30 Abbildungen

Massimo Montanari Spaghetti al pomodoro

Kurze Geschichte eines Mythos

Maccheroni, Tagliatelle, Vermicelli ... der große Historiker der europäischen Ernährungsgeschichte hat mit »gusto« ein kleines Meisterwerk über die Mutter aller italienischen Gerichte verfasst.

Aus dem Italienischen von Victoria Lorini

SVLTO. Rotes Leinen. Fadengeheftet. 144 Seiten mit vielen Abbildungen

… bei Wagenbach

Michi Strausfeld Gaumenfreuden

Eine kulinarische Kulturgeschichte Lateinamerikas
mit Rezepten von Sabine Hueck

Die Geschichte Lateinamerikas, erzählt von unten: ein Blick in die Küchen und Kochtöpfe der »Neuen Welt«. Mit zahlreichen Rezepten zum Nachkochen.

SVLTO. Rotes Leinen. Fadengeheftet. 160 Seiten

Héctor Abad Kulinarisches Traktat für traurige Frauen

»Niemand kennt die Rezeptur des Glücks« – dennoch verfasst der Kolumbianer Héctor Abad ein so heiteres wie bizarres Handbuch zur kulinarischen Aufhellung des Gemüts. Das schönste Geschenk für die beste Freundin mit Liebeskummer. Und ohne.

Aus dem Spanischen von Sabine Giersberg
SVLTO. Rotes Leinen. Fadengeheftet. 128 Seiten

Françoise Hynek, Peter Urban-Halle Jahreszeiten der französischen Küche

Eine kulinarische Reise mit 77 Rezepten

Für zwei Dinge – so sagt man – lassen sich die Franzosen und Französinnen gerne viel Zeit: für die Liebe und fürs Kochen. Dieses schön gestaltete Kochbuch führt mit vielen Anekdoten und Rezepten genüsslich durch Frankreichs Jahreszeiten und Regionen.

SVLTO. Fadengeheftet. Rotes Leinen. 168 Seiten

Wenn Sie mehr über den Verlag und seine Bücher wissen möchten, schreiben Sie uns eine Postkarte oder elektronische Nachricht (mit Anschrift und E-Mail). Wir informieren Sie dann regelmäßig über unser Programm und unsere Veranstaltungen.

Verlag Klaus Wagenbach Emser Straße 40/41 10719 Berlin
www.wagenbach.de vertrieb@wagenbach.de

Blutorangen. Eine Reise zu den Zitrusfrüchten Italiens
erschien im Herbst 2024 als 285. *SVLTO.*

MIX
Papier aus verantwortungsvollen Quellen
FSC® C014138

2. Auflage 2026

© 2024 Verlag Klaus Wagenbach GmbH
Emser Straße 40/41, 10719 Berlin
www.wagenbach.de mail@wagenbach.de
Covergestaltung Julie August unter Verwendung eines (bearbeiteten) Fotos © Peter Amann. Gesetzt aus der Andada und Gladifilthefte. Leinen von Gebr. Schabert, Strullendorf Vorsatzmaterial von peyer Graphic, Leonberg. Gedruckt und gebunden von Finidr, s.r.o., Česky Těšín. Printed in Czech Republic
Alle Rechte sowie Nutzung des Werkes für Text- und Data-Mining i. S. v. § 44 b UrHG vorbehalten

ISBN 978 3 8031 1384 9